図解

教養として知っておきたい経済理論

THE ECONOMIC THEORIES RELATING TO GENERAL EDUCATION

元国税調査官
大村大次郎
OJIRO OMURA

はじめに

普通に社会人をしていれば、誰しも「経済理論」や「経済学」について、なにかしら聞いた覚えがあると思われます。

「神の見えざる手」「悪貨は良貨を駆逐《くちく》する」というような言葉は、誰でも聞いたことがあるのではないでしょうか？　しかし、それらの言葉が実際どういう意味なのか、どういう背景で導き出されたことなのか、ということをご存じの方は少ないのではないでしょうか？

そこで主な経済学や経済理論の基本的な仕組みをご紹介していこうというのが、本書の趣旨です。

「経済理論」や「経済学」というのは、経済の仕組みを解き明かしより良い社会をつくろうというものです。そして我々の社会や生活に大きな影響を与えています。

たとえば、現在、世界のほとんどの地域で自由な経済活動が認められています。しかし、以前はそうではありませんでした。近代に入るまで多くの国では、経済活動の自由は認められておらず、国家による強い制約がありました。

また40代以上の人たちは、この世界が資本主義と共産主義に二分された「東西冷戦時代」を経験しています。この東西冷戦というのは、ざっくり言えば、20世紀になってマルクスの経済理論に基づいて作られた国（共産主義圏）が登場し、彼らが第二次世界大戦後にヨーロッパの半分を支配することになり、それ以外の国々と対立することになったというものです。

この東西冷戦は、１９８０年代後半に共産主義国家があっけなく崩壊することによって終了します。つまりは、マルクスの経済理論には、無理があったというわけです。

このように**経済理論というのは、歴史を動かし、社会を変革させるほどの影響力を持っているのです**。

ところで筆者は元国税調査官です。

国税調査官というのは、企業や個人などの所得状況を調べるのが仕事です。つまりは、「経済の現場」にいたと言うことができると思います。

その感触から言わせていただきますと、「経済理論」というのは、すごく当たっていると思われる面と、まったく的外れだと思われる面の両方があります。

たとえば、バブル崩壊後の日本経済をつぶさに見ていた筆者は、シュンペーターの景気循環の理論が、必ずしも当たっていないことを実感していました。シュンペーターは、「不況は好景気の準備段階」「不況は好景気のためには必要なもの」と表現しました。が、バブル崩壊後の日本の不況は「好景気の準備段階」という言葉が当てはまるような生易しいものではありませんでした。

マルクス経済学のケースからもわかるように、経済理論というのは、必ずしも正しいものばかりとは限りません。一部では的を射ていても一部では的を外していたり、その時代には有効であっても今の時代には役に立たないというようなものもあるのです。

そういう経済理論と実体経済の相違についても、紹介していきたいと思います。

教養として知っておきたい経済理論　もくじ

はじめに……2

第1章 今日から使えるお役立ち経済理論

【大きなプロジェクトは途中でやめられない】
コンコルドの誤謬《ごびゅう》……10

【人には報恩の心理がある】
返報性の法則……12

【小さな頼み事から徐々に大きくする「段階的要請法」】
フット・イン・ザ・ドア・テクニック……14

【協力すべき場面でも、裏切りのリスクがあると人は協力しない】
囚人のジレンマ……16

【なぜ都会の人は冷たく田舎の人は親切なのか？】
〝無制限〟のゲーム……18

【人の嫉妬心は損得勘定をも超える】
最後通牒ゲーム……20

第2章 顧客の心理を読み解く経済理論

【消費者は常に賢いわけではない】
ナッジ理論……24

【物の価値は人の気持ちによって変わる】
心の家計簿……26

【ほとんどの人は自信過剰である】
自信過剰の法則……28
【品揃えが多すぎるとかえって売上げが減る】
アイエンガー商品選択の法則……30
【人は儲けよりも損失を重要視する】
プロスペクト理論……32
【最初の強い印象で全体の印象が決められる】
ハロー効果……34

第3章 歴史を変えた経済理論

【〝神の見えざる手〟の本当の意味】
アダム・スミスの経済理論1……38
【最下層の人々が豊かであることが最善の社会】
アダム・スミスの経済理論2……40
【税金はそれぞれの担税力に応じて負担すべし】
アダム・スミスの経済理論3……42
【国が介入しない自由な経済活動】
資本主義とは何か?……44
【労働者は必ず資本家から搾取される】
マルクス資本論……46
【不況の時は政府が公共投資をすべし】
ケインズの経済理論1……48
【不景気のときには金利を下げるべし】
ケインズの経済理論2……50

第4章 大人として知っておきたい経済理論

【悪貨は良貨を駆逐する】
グレシャムの法則……54

マルサスの人口論【食糧生産は人口の増加に追いつけなくなる】……56
リカードの比較優位理論【貿易は他国より優位な品を輸出せよ】……58
シャハトの経済理論1【すべての局面に通用する経済法則などない】……60
シャハトの経済理論2【経済に一人勝ちはあり得ない】……62
渋沢栄一の道徳経済合一説【商売と公益は一致していなければならない】……64
シュンペーターの経済理論【好景気は技術革新によってもたらされる】……66

第5章 現代世界を動かす経済理論

ゴールドスミス・ノート理論【お金をつくりだす根本理論とは？】……70
不換紙幣システム【なぜ現代の紙幣は貴金属との兌換をしなくなった？】……72
現代の基本金融システム【我々は拡大再生産を義務付けられている？】……74
マネタリズム理論【世界に貧富の格差をもたらした⁉】……76
MMT 現代貨幣理論1【政府は財政赤字を気にしなくてもいい⁉】……78

MMT 現代貨幣理論2 …… 80
【政府が失業者に直接職を与えよ】
ビットコイン理論 …… 82
【人類のための新しい通貨の形？】
ピケティの経済理論 …… 84
【90年代以降、世界の貧富の格差が急拡大している】
おわりに …… 86

固く考えてしまう
「経済理論」ですが、
実は身近な場所で
活用されています。

第1章

今日から使えるお役立ち経済理論

THE ECONOMIC THEORIES
No.1

大きなプロジェクトは途中でやめられない

コンコルドの誤謬《ごびゅう》

事業の継続 or 中止の判断は難しい

当初の見込み

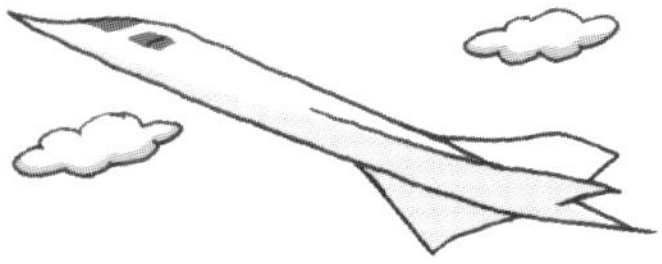

超音速航空機の需要「大」

＋

莫大な経費

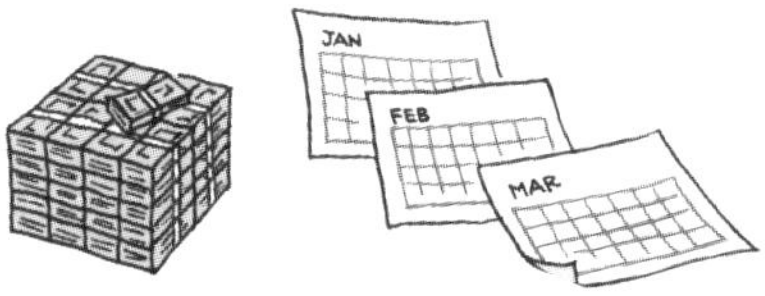

金額だけでなく開発期間もかかる

↓

・騒音が非常に大きい
・燃料費の高騰による
航行コストの増加

続けるか？　　中止にするか？

途中で失敗だとわかってもやめられない

コンコルドとは、１９６０年代にイギリスとフランスが共同開発を計画した航空機です。コンコルドはマッハ２・２（時速約２６９２キロ）という、通常のジェット機の３倍の速度を出せる超音速旅客機でした。ヨーロッパとアメリカを３時間で結べる夢の航空機プロジェクトとしてもてはやされ、莫大な経費をかけて１９６９年には最初の試作機が完成しました。

しかし、試作機によるデモンストレーション飛行中に、重大な騒音問題が発生しただけでなく、オイルショックが起きて燃料費が高騰しました。**航行コストが高くつくコンコルドは、航空会社からキャンセルが相次ぎました。**

それでも英仏両国は開発計画をストップする

航空機コンコルド
(1969-2003)
▶製造は早々に中止されたが、2003年までわずかながら運行は行われていた。

ことはできず、１９７６年にコンコルドは営業就航を開始。しかし、これは大失敗に終わりました。燃料費が異常に高いために旅客運賃が他の航空会社のファーストクラスよりも高額になり、また騒音の関係で就航を拒否する国も多く、その年のうちに製造が中止されました。

このように、「莫大な投資をした計画は、途中で失敗だとわかってもやめられない」という状況を「コンコルドの誤謬」といいます。

誰にでも起こりうる

このようなことは、日常生活からビジネスにいたるまで非常によくあることです。「子どもへの教育の投資」や「冒険」はその最たる例です。

また**公共事業も「コンコルドの誤謬」が起きやすい分野です。**何年もかかる大きな事業の場合、途中で状況が変わって不要になることが判明しても、「税金の無駄遣い」になることを恐れて計画はそのまま続けられてしまうのです。

全ての事業計画において、事前に必要性や実現性を完璧に把握することは非現実的です。状況次第で変更できるシステムにした方が、税金の無駄遣いは減るのではないでしょうか。

途中で中止できない心理

騒音問題
燃料費
費やした時間
かかった経費
周囲の期待
ダメかも

事業の失敗が予測できても後にひけなくなる

「コンコルドの誤謬」を防ぐには？

途中変更のきくシステム作り

「勇気ある下山」のちに再挑戦

まとめ

「事業をする上で見込み違いは必ず生じるもの」という前提で、変更のきくシステムを作ることが重要

THE ECONOMIC THEORIES No.2

返報性の法則

人には報恩の心理がある

強迫観念にも似た心理

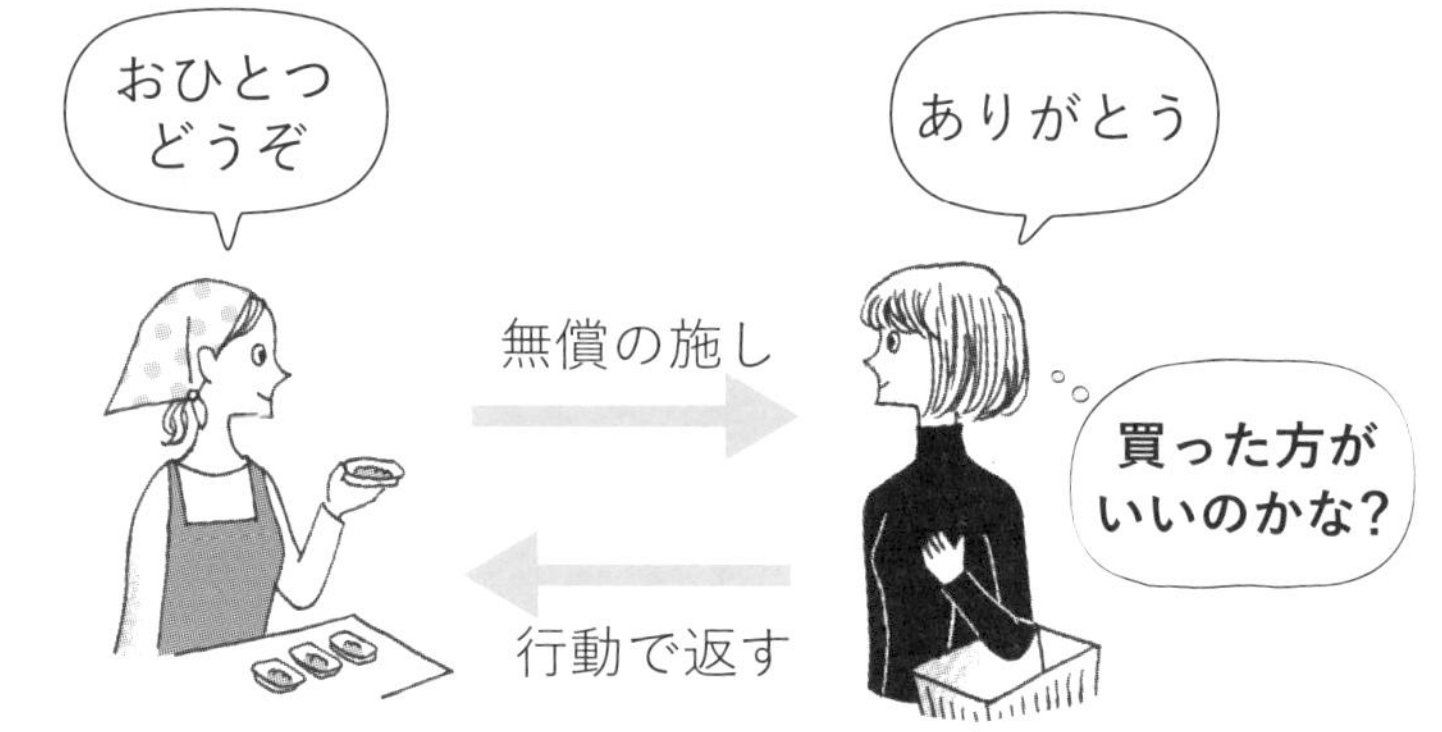

おひとつどうぞ
ありがとう
無償の施し
買った方がいいのかな？
行動で返す

ここはひとつ…
う、うむ
無償の施し
便宜を図るか…？
行動で返す

人には「恩に報いなければ」という心理がある

「恩に報いなければ」という人間の心理

人は自分のために何かをしてもらうと、相手に感謝しなければならないという強迫観念のようなものが芽生えます。この感情のことを「返報性の法則」というのです。

この「返報性の法則」は、誰が発見したということはなく、おそらく太古から人類が使っていたビジネス・テクニックだと思われます。スーパーの試食コーナーなどもそうです。

また、**賄賂《わいろ》などもこの「返報性の法則」を使ったものといえます**。古代から「贈収賄」については批判されてきましたが、現代にいたるまで人類はまだこの問題を解決できていません。

それだけ人には強い「返報性の法則」が働いているといえるかもしれません。

ロバート・B・チャルディーニ（1945-）
▶アメリカの社会心理学者。人の行動心理とマーケティングを結び付けた。

まとめ

古代から使われてきた手法だけに、人の心理をうまくくすぐれると有効な場面は多い。ただし駆け引きの技術も必要

返報性の法則を活かした手法

返報性の法則 ＋ **コントラストの原理**
印象の強弱を交互に提示してより強い印象を与える

↓

ドア・イン・ザ・フェイス・テクニック（譲歩的依頼法）

最初に大きい依頼をして、後から小さい依頼をする

10万円
貸して！
嫌だよ
1万円
なら
どう？
さっきより
額が小さい
さっき
断ったし
いいよ

最初は断れても二度目の小さな依頼は受け入れてしまう

ドア・イン・ザ・フェイス・テクニック（譲歩的依頼法）

また、この返報性の法則を応用したものに、「ドア・イン・ザ・フェイス・テクニック（譲歩的依頼法）」という交渉術があります。**最初に大きな頼み事をし、それを断られた後に、小さな頼み事を持ちかける**というものです。

この手法はアメリカの社会心理学者ロバート・B・チャルディーニの著した『影響力の武器』という本で、世間に知られるようになりました。

たとえば、知人にお金を借りるときに、最初に「10万円を貸してほしい」と頼みます。10万円は大金なので、知人も躊躇するかもしれません。でもそれをすぐに撤回し、「じゃあ、1万円だけでも」と頼んでみます。10万円に比べれば小さな金額ですし、知人には最初に10万円の借金を受け入れなかった負い目があるので、思わず承諾してしまうということです。

昔から、値段交渉をする際には最初に大きな金額をふっかけて、相手の出方を見ながら徐々に妥協点を探っていくという方法はとられていました。「ドア・イン・ザ・フェイス・テクニック」は値段交渉の応用編ともいえるでしょう。

THE ECONOMIC THEORIES
No.3

フット・イン・ザ・ドア・テクニック

小さな頼み事から徐々に大きくする「段階的要請法」

一度受けた依頼は断りにくい

フット・イン・ザ・ドア・テクニック（段階的要請法）

最初に小さい依頼をして、だんだん要求を大きくする

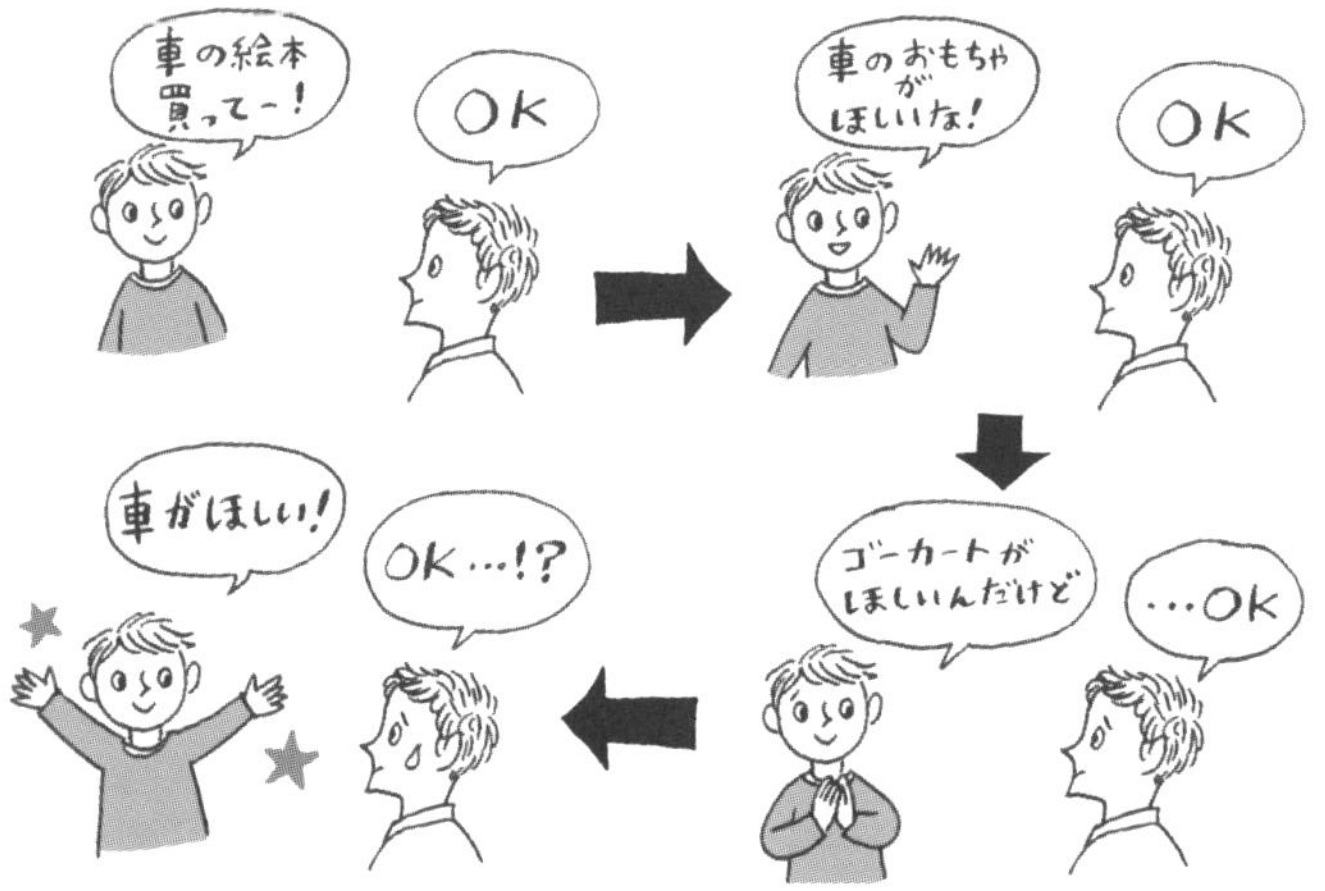

一度依頼を受けた手前、次回も断りにくい

↓

投資詐欺なども少額から始まっている

一度受けた依頼は断りにくいという心理

前項とは逆に、最初に小さい頼み事をして、それを受諾してもらった後、段階的に頼み事を大きくしていくという「フット・イン・ザ・ドア・テクニック（段階的要請法）」という交渉術もあります。これは、一度受諾した依頼は次も断りにくいという人間の心理を突いたものです。

フット・イン・ザ・ドアとは「ドアを閉められる前に足を入れろ」という意味です。相手が依頼を断る前に、**足を入れてとにかくドアを閉められないようにして、中に入ってから少しずつ自分の要求を貫徹していく**というわけです。

この「フット・イン・ザ・ドア・テクニック」も行動経済学では有名な理論です。これも前項で紹介したアメリカの社会心理学者ロバート・

まとめ

使いやすいテクニックだけに、詐欺で使われることも多い手口のひとつ。「少しなら」が積み重なると危険

交渉で使える戦法はどっち？

ドア・イン・ザ・フェイス・テクニック

メリット　印象の違いで二度目の依頼が軽く見える

デメリット　最初のハッタリの時点で断られるリスクは大きい

→ 度胸のある人は使いこなせるか？

フット・イン・ザ・ドア・テクニック

メリット　最初に受諾される可能性が高い

デメリット　短期間で繰り返すと不信感を抱かれるリスクがある

→ 押しに弱い性格の相手に適した手法

B・チャルディーニの著した『影響力の武器』という本で、世間に知られるようになりました。

たとえば女性が男性にプレゼントをねだるとき、最初は小さい物だったけれど、だんだん要求が大きくなっていくことはよくあります。また賢い子どもなども、誕生日やクリスマスのプレゼントをねだるときなどにこのテクニックを使うことがあります。

投資詐欺の手口に使われる

この「フット・イン・ザ・ドア・テクニック」は、投資詐欺などの手口にもよく使われます。

最初に少額の投資金を集め、しばらくはきちんと配当をする、そして**信用させたところで、投資金をどんどん増額させていく**のです。投資詐欺の事件などでは、一人が何千万円もの詐欺に遭うことがありますが、それは大方の場合、最初は少額から始まっています。

だから騙す側が「フット・イン・ザ・ドア・テクニック」を使ってくるということは、重々認識しておきたいものです。「少額だからいい」などと怪しい話に乗ってしまうようなことはするべきではないということです。

THE ECONOMIC THEORIES
No.4

囚人のジレンマ

協力すべき場面でも、裏切りのリスクがあると人は協力しない

アルバート・タッカー（1905-1995）
▶カナダ出身の数学者。ゲーム理論を研究し、「囚人のジレンマ」を考案した。

「囚人のジレンマ」のゲーム

ルール

とある犯罪で共犯した、ＡとＢの２人の囚人がいます。
当局は、それぞれに次のような条件を示しました。

	B 黙秘	B 自白
A 黙秘	両者とも懲役１年	Ｂは無罪 Ａは懲役５年
A 自白	Ａは無罪 Ｂは懲役５年	両者とも懲役３年

・２人とも黙秘すれば、両者とも懲役１年
・２人とも自白すれば有罪となり、懲役３年
・１人が自白してもう１人が黙秘すれば、
　自白した者は無罪だが、黙秘した者は懲役５年となる

２人が協力して黙秘すると罪は最も軽い

→ **自分にリスクがあると協力は難しい**

人は必ずしも合理的に行動しない

ゲーム理論の代表的なものに「囚人のジレンマ」があります。ゲーム理論とは、**「ある条件でゲームをしていくことによって、人の心理や行動などの本質を探っていく」という考え方**です。「人は単純に合理的な法則で経済行動を行っている」とみなしていた既存の経済学に対し、ゲーム理論は「状況によって人の経済行動は変わっていく」ことを解き明かそうとしました。

その中でもっとも有名なものが「囚人のジレンマ」です。カナダ出身の数学者アルバート・タッカーらが考案したもので、ゲームの内容は上の図のようなものです。

2人とも黙秘を続ければお互いに1年の刑を受けるだけですむので、それが2人にとって最

まとめ

協力関係を築くには、「相手が裏切るかもしれない」「自分だけが損をするのでは」という疑念を払拭する行動が必要

相手と適切な協力関係を築くには
裏切られたらどうしよう？
対策①
明確なメッセージの発信
対策②
相手に関する情報分析
相手をただ信じるのはリスクが大きく、
疑うばかりでは得られるものが少ない

善の策といえます。しかし黙秘を続けて相手が自白した場合は、自分が5年の刑を受けるという大きなリスクがあります。このことは「囚人のジレンマ」と言われ、ゲーム理論ではもっとも有名なワードとされています。

そのため実験では、囚人は2人とも自白してしまい、その結果、2人とも3年の刑を受けてしまうということになっています。

協力関係を築くのは難しい

この実験結果は、企業戦略などにも有効な示唆をもたらしてくれるものです。同じ業種の企業同士が、特定の事業などで共同開発を計画することがあります。莫大な開発コストを抑えられるというメリットが両社にあるはずなのですが、お互いが疑心暗鬼に陥って、共同開発の途中で解消されてしまうことがままあります。

この状況を回避するためには、お互いが「相手を裏切らない」という明確なメッセージを出し続ける必要がありますし、相手に関する情報分析も怠らないようにしないとならないわけです。**ただ相手を信じるだけでも、疑うばかりでも大きなメリットは得られない**ということです。

THE ECONOMIC THEORIES No.5

〝無制限〟のゲーム

なぜ都会の人は冷たく田舎の人は親切なのか？

あなたはいくら分配しますか？

ルール

あなたに 100 ドルが与えられます。
それは別の人と分け合わなければなりません。
分ける金額はあなたに一任されます。
あなたはいくら分配しますか？

一回きりの場合
99ドル もらいます
ひどい人 だな
自分に有利に分配
永続的な場合
50ドルずつ 分けましょう
次は私も 50ドル 分けますね
平等に分配

→ 無限にゲームが続く場合は協力的になる

一回きりのゲームでは人は自分のことしか考えない

前項で紹介した「囚人のジレンマ」には続きがあります。このゲームに「何回か続ける」という条件を加えた場合どうなるか、という新しいゲームが検証されているのです。

続ける回数が判明している場合は、最初の条件と同じように二人とも自白してしまうという結果になりました。しかし、続ける回数がわからない場合は、二人は協力して黙秘をするという結果になったのです。**報復としての自白のリスクを避けるためには、両者が黙秘するということが両者にとって最善の選択になる**のです。

この「囚人のジレンマ」の「無限に繰り返される場合は囚人たちは協力的になる」という結論は、我々の社会生活において、非常に示唆に

田舎と都会の温度が違う理由
無制限の関係
一回限りの関係
お互いに顔見知り
協力的
自己の利益を優先する
無関心
クソフェミ消えろ!
このゴミカスが!
バーカ.お前は死ね
他者への危害をいとわない
超利己的
関係性が続くなら協力することで得になる

まとめ

人は関係性が続くとわかっている相手を無下にすることは少なく、その場限りの関係の相手には利己的な態度をとりやすい

富んだものだといえます。

たとえば、「都会の人は冷たく、田舎の人は温かい」と言われます。実際に、都心のマンションでは隣人を知らないケースも多く、一方で田舎では近隣の人と親しく接することが多いです。

都会の場合は、「囚人のジレンマ」で言えば一回限りのゲームです。だから下手に関わって変なことに巻き込まれるより関わりを持たない、という選択肢を選んでしまうのです。しかし、田舎の場合は「無限に続くゲーム」です。「人と協力することが自分の得になる」という状況に置かれているため、それが染みついて「親切な人が多い」ということになったと推測できます。

ネットは一回限りのゲーム

ネットの匿名掲示板というのは、一回限りのゲームの究極の状態だといえます。だから「相手をどれだけ傷つけても、周囲をどれだけ不快にさせても、自分の気分がよくなればいい」という超利己的な行動が生じるわけです。

しかし匿名掲示板とはいえ「名誉毀損《めいよきそん》」「侮《ぶ》辱罪《じょくざい》」などの罰則の対象になることは、肝に銘じておいた方がいいでしょう。

THE ECONOMIC THEORIES No.6

最後通牒ゲーム

人の嫉妬心は損得勘定をも超える

相手に拒絶される可能性

ルール

Aにまず100ドルが与えられます。
それは別の人と分け合わなければなりません。
分ける金額はAに一任されます。
しかし、Bは分け前に不満があれば、それを拒絶できます。
Bが拒絶すれば、AもBも1ドルももらえません。

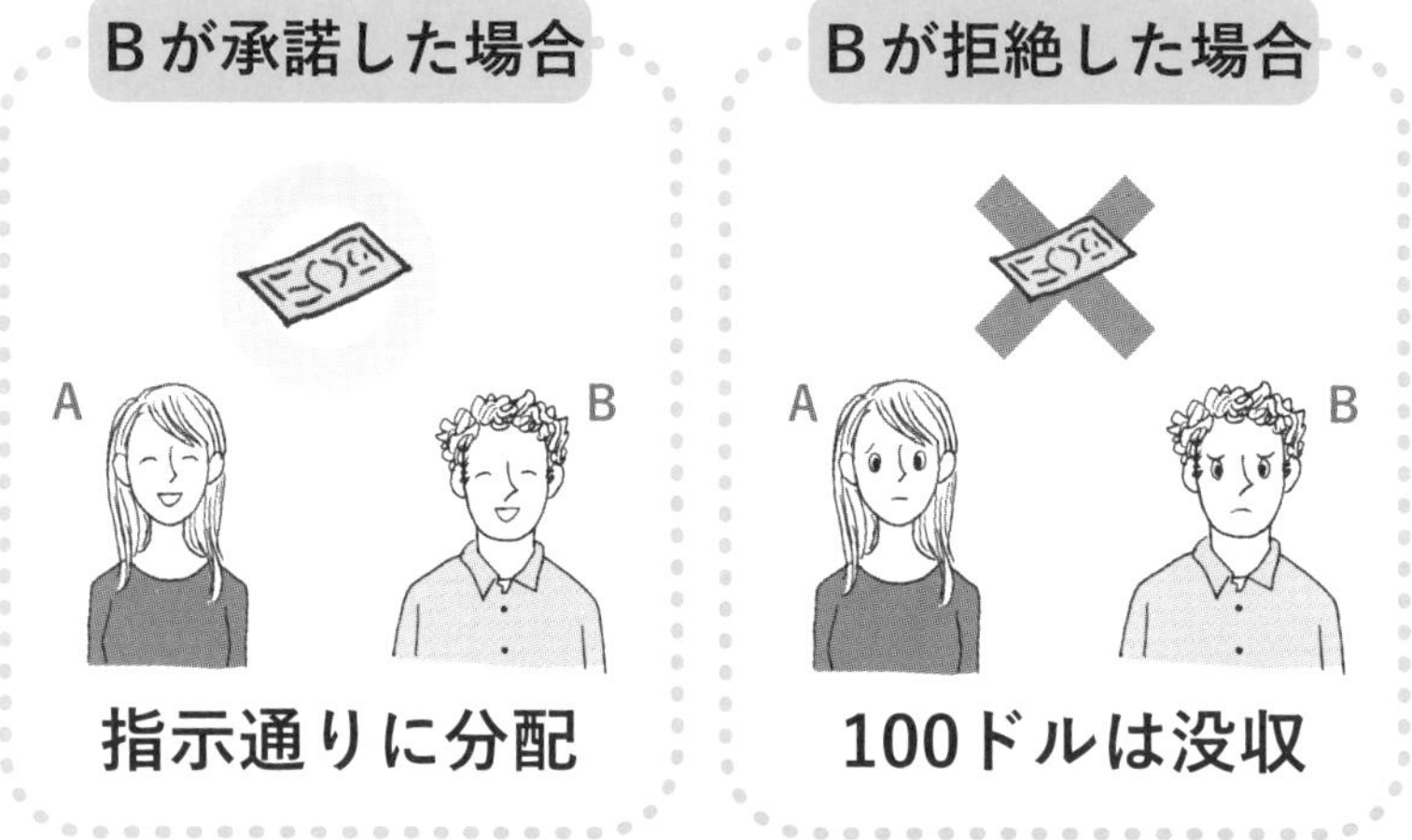

Bが承諾した場合
A
B
指示通りに分配
Bが拒絶した場合
A
B
100ドルは没収

実験結果

・与える金額を40～50ドルにする人が全体の3分の2以上
・与える金額が20ドル以下はわずか4％
・与える金額が20ドル以下の場合、半分以上が拒絶

自分の損より他人の得が許せない？

「最後通牒ゲーム」というのは、上の図のようなものです。2人のうち1人にお金の分配権があり、もう1人には提示された金額に対する拒否権があります。

この実験は、どこの国、民族で行っても、だいたい似たような結果になるそうです。

普通に考えれば、AがBに与える金額はいくらでもいいはずです。経済合理性だけを考慮すれば、たとえ1ドルであっても、Bにとってはもらえないよりはもらった方が絶対にましなはずです。しかし、Bは自分の取り分が相手よりもかなり少なかった場合は、タダでもらえるお金を拒絶するのです。つまり、**「どこかの知らない人がたくさんお金をもらっている」という**

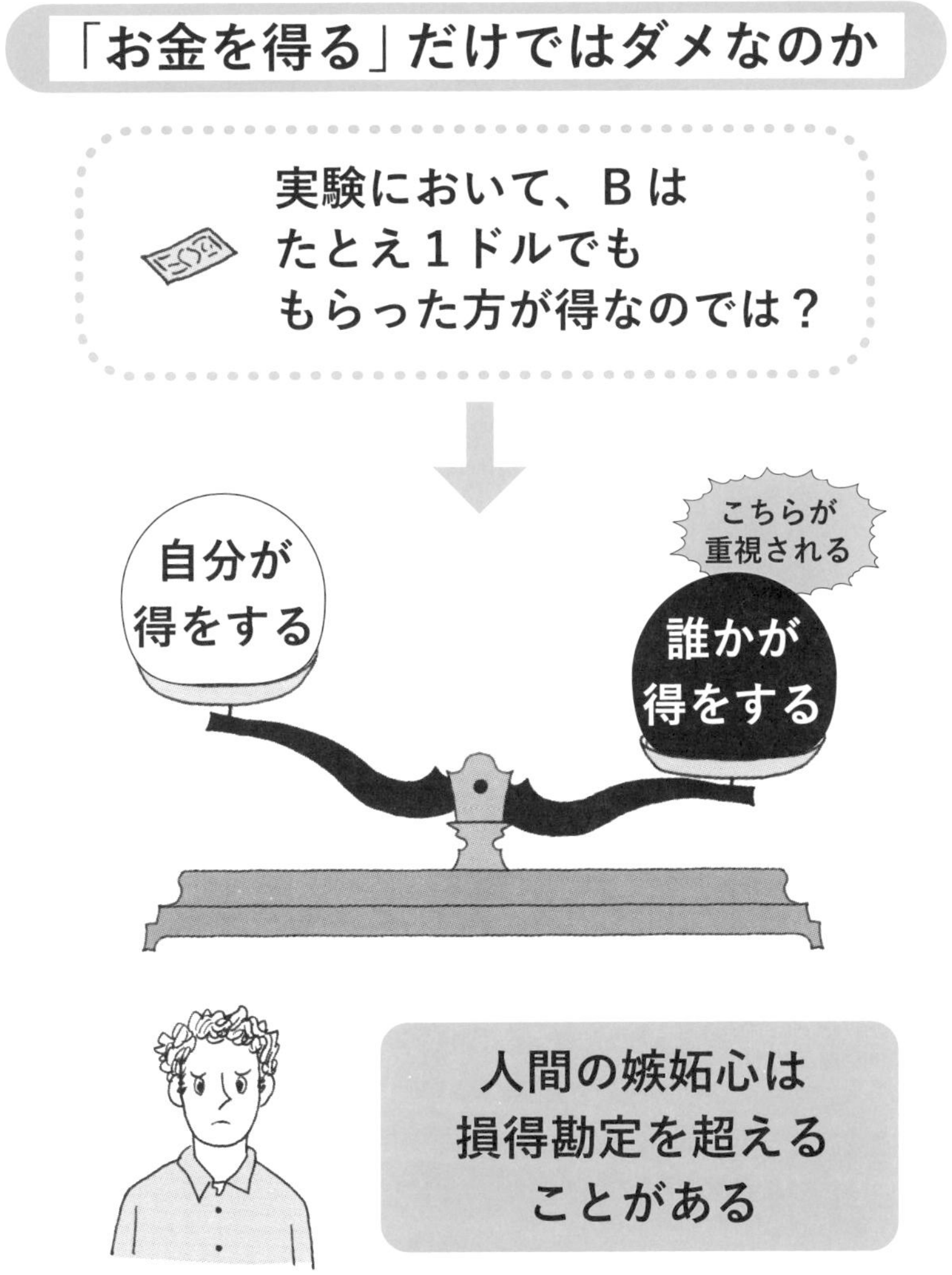
「お金を得る」だけではダメなのか
実験において、Bは
たとえ1ドルでも
もらった方が得なのでは？
自分が
得をする
こちらが
重視される
誰かが
得をする
人間の嫉妬心は
損得勘定を超える
ことがある

まとめ

「自分が損をしても、他人が得をすることが許せない」という感情を持つこともあると肝に銘じるべし

ことへの嫉妬心のために、何もしなくてももらえるお金を放棄してしまうのです。

　人の嫉妬心は、本能的に備わっているはずの損得勘定さえ超えるということでしょう。それが見知っている人に対しての嫉妬心になると、相当なものだと考えられます。

税務署への密告者の大半は身内

　筆者は税務署の調査官をしていましたが、税務署には、脱税の密告情報が時々寄せられます。

　実はこの密告情報のほとんどは、ごくごく近しい身内の人間によるものです。特に相続財産の脱税については、親族からの密告がもっとも多いのです。税務署の手入れが入れば相続財産の何割かを失い、自分も損をするかもしれないにもかかわらず、親族の誰かに対する嫉妬の方を抑えきれないのです。

　「人は誰もが強い嫉妬心を持つもの」ということを誰しもが、特に人の上に立つ人は肝に銘じておいた方がいいでしょう。「利益を与えているから文句はないはず」などという考えは大間違いです。嫉妬心は損得勘定を超えるのですから。

上手く商品を売って
しっかり稼ぎたい…
そんなビジネスマンの
ヒントになる理論が
目白押しです。

第2章

顧客の心理を読み解く経済理論

THE ECONOMIC THEORIES
No.7

ナッジ理論

消費者は常に賢いわけではない

定説を覆した「ナッジ理論」

既存の経済学 消費者は市場においてもっとも合理的な判断をする

↕

ナッジ理論 消費者は様々な選択肢の中でしばしば間違った選択をする

［例］飛行機の保険料はいくらが適切？

A

いつ事故が起きてもおかしくない
高くても保険に入っておこう

B

事故なんてほとんど起きない、
高いお金を払う必要はないな

→ 「飛行機は安全だ」と知らなければ判断を誤ることは十分にあり得る

消費者は判断を間違える

「消費者は常に様々な選択肢の中から、自分がもっとも得になるものを選んでいるわけではない。しばしば間違った選択をしている」

これは、ナッジ理論と呼ばれる経済理論のもっとも基本的な考え方です。

ナッジ（Nudge）とは、肘でつつくという意味です。賢い提案を押し付けるのではなく、**消費者が自然に気づくような方法で、消費者の賢明な選択を促す**ということです。

ナッジ理論を提唱したリチャード・セイラーは、行動経済学をより実践的にして世間に広め、このナッジ理論によって、２０１７年にノーベル経済学賞を受賞しました。

このナッジ理論を用いたもっとも有名な例が、アメリカの企業年金です。アメリカでは企

リチャード・セイラー（1945-）
▶アメリカの経済学者。行動経済学の研究で2017年にノーベル経済学賞を受賞。

まとめ

消費者がより良い判断をできるように提供方法を工夫すると同時に、消費者も慎重に判断しなければならない

「ナッジ理論」を利用した手法

課題
従業員に有利になる年金プランがあるのに、
誰も入ってくれない！
どうしよう……？
お得な制度ですよ
入りませんか
面倒くさいし、別にいいや
答え
加入を「標準」とする
加入済
やめたい人は
教えてください
そのまま入っておこうかな

ただし消費者が得するプランばかりではない

業が従業員に非常に有利になる年金プランを提供していましたが、申し込みが煩雑なためになかなかこの企業年金の加入者は増えませんでした。そこで、リチャード・セイラーは企業年金に加入することを「標準」とし、それ以外の選択をする人のみが書類の手続きをする方法を提案しました。すると、年金脱退申し込みをする人はあまりおらず、多くの人が自動的に企業年金に加入することになったのです。

ナッジ理論の悪用

リチャード・セイラーの著書『実践 行動経済学』でも述べられていますが、これは古くから雑誌の定期購読などで用いられるスキームです。

そして、**むしろ「悪用」されていることの方が多いので、消費者としては注意をしなければなりません**。携帯電話やインターネット関連のサービスでは、「解除の手続きをしない限り永遠に継続する」というような契約が一般的に行われています。

消費者としては定期的に「自分がどういうサービスを利用しているのか」などをチェックする必要があると思います。

THE ECONOMIC THEORIES No.8

心の家計簿

物の価値は人の気持ちによって変わる

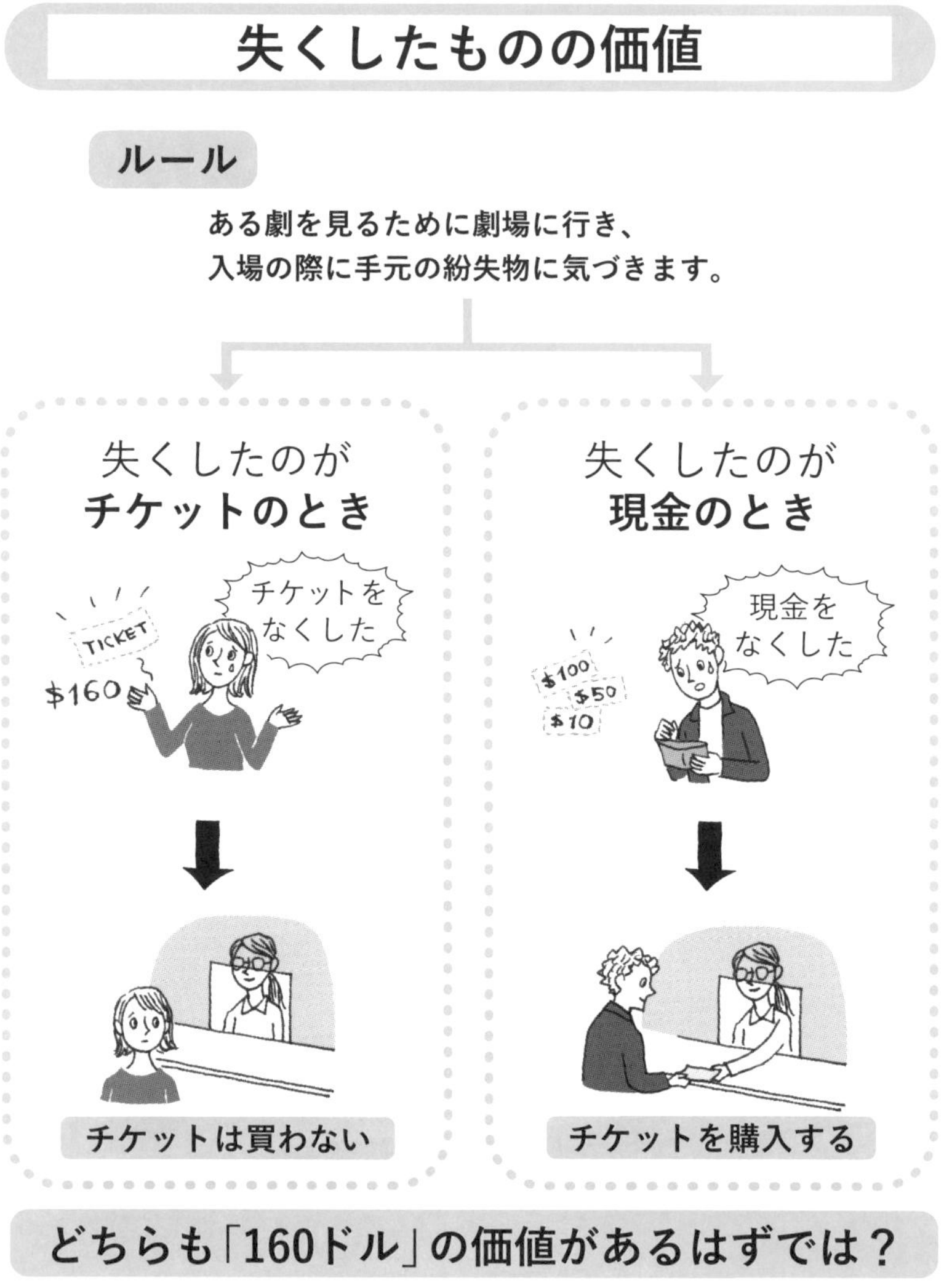

失くしたものの価値
ルール
ある劇を見るために劇場に行き、
入場の際に手元の紛失物に気づきます。
失くしたのが
チケットのとき
チケットを
なくした
TICKET
$160
チケットは買わない
失くしたのが
現金のとき
現金を
なくした
$100
$50
$10
チケットを購入する
どちらも「160ドル」の価値があるはずでは？

物の価値は心が決める？

リチャード・セイラーは、物の値段は時と場合によって変わるはずだと考えました。同じ飲食物であっても市中の食堂で食べる場合と、観光地のホテルで食べる場合では値段が違います。

しかし既存の経済学では、「一物一価」が原則とされていました。一つの物には、一つの価格しかつかないということです。逆に言うと、既存の経済学では「同じものでも場所によって値段が変わる」ということさえ認識されていなかったというのは驚きです。

リチャード・セイラーは、**物の価値は時と場合によって大きく違ってくる**ということを証明しようといくつかの実験をしました。

そのうちの一つに上の図のような実験があります。どちらも劇の入場券に関する160ドル

「心の家計簿」による特殊な計算

失くしたのはともに「160ドル」の価値だが…

すでに「チケット代を支払っている」

↓

チケット代を「２回払う」心理になる

現金160ドルを紛失しただけ

↓

「チケット代を払う」心理に影響はない

状況によって「160ドル」の感じ方は変わる

まとめ

同じ価値のあるものでも、そのときの状況や気持ちによって価値の計算をするものである

を紛失したにもかかわらず、「チケットに2倍のお金を払う」ような気持ちになるかという点で、対応の仕方が真逆になるのです。

　リチャード・セイラーは、これらの実験により、「人は心の家計簿というような特殊な金銭計算をしている」ということを提唱しました。**同じような物（サービス）であっても、時と場合によっては「高い」と感じるときもあれば「安い」と感じる時もある**ということです。

お金の価値も時と場合によって違ってくる

　リチャード・セイラーは、物の値段だけではなく、お金の価値も時と場合によって違ってくると述べています。たとえば、「ギャンブルで得たお金は、ギャンブルに費消されてしまう傾向が強い」ことがこれまでに実証されています。これを引き合いにだして、「お金は時と場合によって、大事にされるときとされないときがある」と述べています。

　これも、社会的には普通に知られていたことでもあります。日本でも昔から「悪銭身に付かず」という諺《ことわざ》があります。

THE ECONOMIC THEORIES No.9

ほとんどの人は自信過剰である

自信過剰の法則

人はどれだけ自信過剰か？

ルール

大学の研究室に入ってくる学生に対し、
「自分の成績は何位くらいに入るか」というアンケート
調査を行いました。

半数の学生が「自分は上位20%以上に入る」
階層にチェックをしている

成績の自己評価は実際の成績より高くなる

多くの人は自己評価が高い

これは古来から言われてきた「人類の性質」のようなもので、誰もが思い当たる節があるものと思われます。この「人類の常識」のような理論を、近年の行動経済学では実証する試みが行われるようになりました。統計実験などで「人はどれだけ自信過剰か」ということが数値的に示されるようになったのです。

たとえば、前項で紹介したリチャード・セイラーは、自分の大学の研究室に入ってくる学生に対し、「自分の成績は何位くらいに入るか」というアンケート調査を行っています。成績分布を「上位10％」「下位10％」などに分け、自分がどこに入るのかをチェックしてもらうのです。

その結果、中央値以下にチェックした学生は、5％以下だったそうです。そして、**半数の学生**

まとめ

相手が自分の価値をどう定めているかはビジネスの場で重要な要素であり、見誤ってはならない

他者からの評価はどうか
客観的に見た評価
どちらも能力は同程度
自分から見た評価
私は優れている
相手から見た評価
私は優れている
人は自分を実際よりも高く評価する

が上位20％以上に入る階層にチェックをしているのです。もちろん現実には、中央値以下に入る学生は50％いるわけです。だから中央値以下に入る階層にチェックしていない**45％の学生は自分を過大評価していることになります。**

上位20％以上に入れる学生も20％だけです。だから上位にチェックした30％の学生は、自分を過剰に高く評価していることになります。

これに似た統計は、世界中でいくつも見られます。人は思っている以上に自信過剰な生き物であることがわかってきたのです。

人間関係でも重要な法則

この法則は自分への戒めになるとともに、人間関係を築いていく上で重要なポイントにもなるでしょう。自分に対しては、「自分が評価しているよりも、実際の評価は低い」ということを念じておくべきです。

他人に対しては、「この人は、自分自身のことを実際よりも高く評価している」ということを念頭に置いて付き合うべきでしょう。そうしないと、相手のプライドを思わぬところで傷つけてしまったりするからです。

THE ECONOMIC THEORIES
No.10

アイエンガー商品選択の法則

品揃えが多すぎるとかえって売上げが減る

どちらがより売れる？

疑問

とある日用品の売上げを増やしたいと考えた。
「品揃えが多い方が売上げが増えるのではないか」
という直感は正しいだろうか？

品揃えが少ない方が売上げが増えるため、
商品の絞り込みが重要になることもある

選択肢が少ない方が「選ぶ」行動をとりやすい

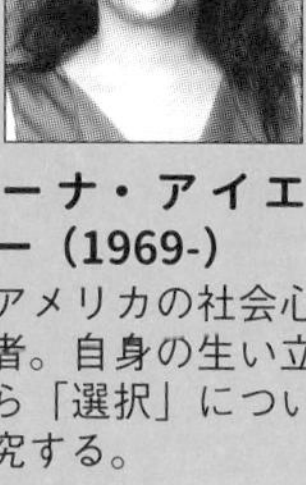

シーナ・アイエンガー（1969-）
▶アメリカの社会心理学者。自身の生い立ちから「選択」について研究する。

品揃えは厳選すべき？

昨今の行動経済学の研究で、「品揃えが少ない方が売上げが増える」ということが判明しました。普通は、商品の種類が多い方が購買意欲を掻き立てられるように思われます。それまでの経済学、経営学でもそう考えられてきました。

しかし1995年に、コロンビア大学のシーナ・アイエンガー教授がある実験を行い、それとは逆の結果が出されたのです。

その実験とは、高級食品店の試食コーナーで、24種類のジャムを並べたときと6種類のジャムを並べたときでは、どちらの方が売上げが多いかを調べるというものでした。アイエンガー教授も、実験の前は、品揃えの多い方が売上げも良いだろうと思っていましたが、**結果は予想に反して、品揃えの少ない方が多い方よりも10倍**

まとめ

「人は選択が得意ではない」という前提のもとで、商品特性に応じて品数を考慮すべき

「選択」の難しさとリスク

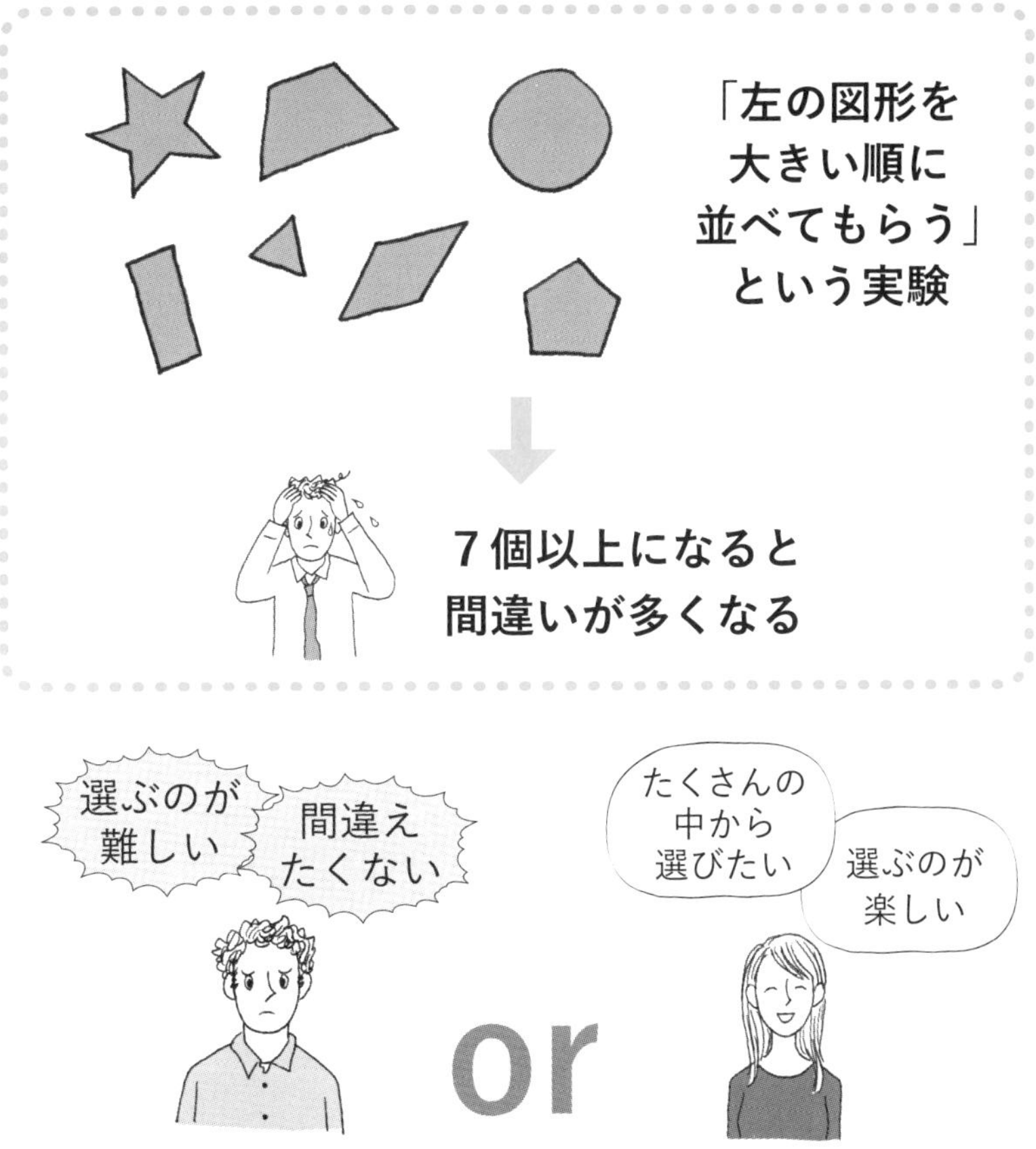

「左の図形を
大きい順に
並べてもらう」
という実験
7個以上になると
間違いが多くなる
選ぶのが
難しい
間違え
たくない
たくさんの
中から
選びたい
選ぶのが
楽しい
or

商品の性質によって選択肢の数を考慮すべき

以上売上げが多かったのです。

人は「選択」が得意ではない

アイエンガー教授は、その代表的な著書『選択の科学』の中で、他にも興味深い実験データを提示しています。複数の人に「いろんな形の図形を大きい順に並べてもらう」という実験をしたとき、実験の個体数が7個以下のときはみな正確に並べられたのに、それ以上になると途端に間違いが多くなったということです。

つまり、**人は「たくさんの選択肢の中から一番いい物を選ぶ」ことがあまり得意ではないようなのです**。だから、商品を絞り込んで比べやすくした方が購買意欲が高まるということです。

ただし、これはすべてのビジネスに共通するモノではないと思われます。たとえば書店やCDショップ、ファッションの分野などは「選ぶこと」自体が大きな楽しみになっているので、品揃えが少なければ、客足は減ってしまいます。

客が選ぶことに慣れていない商品、あまり選ぶことを欲していない商品については、店側が商品を絞って品揃えを少なくした方が、客は買いやすい、ということです。

THE ECONOMIC THEORIES
No.11

人は儲けよりも損失を重要視する プロスペクト理論

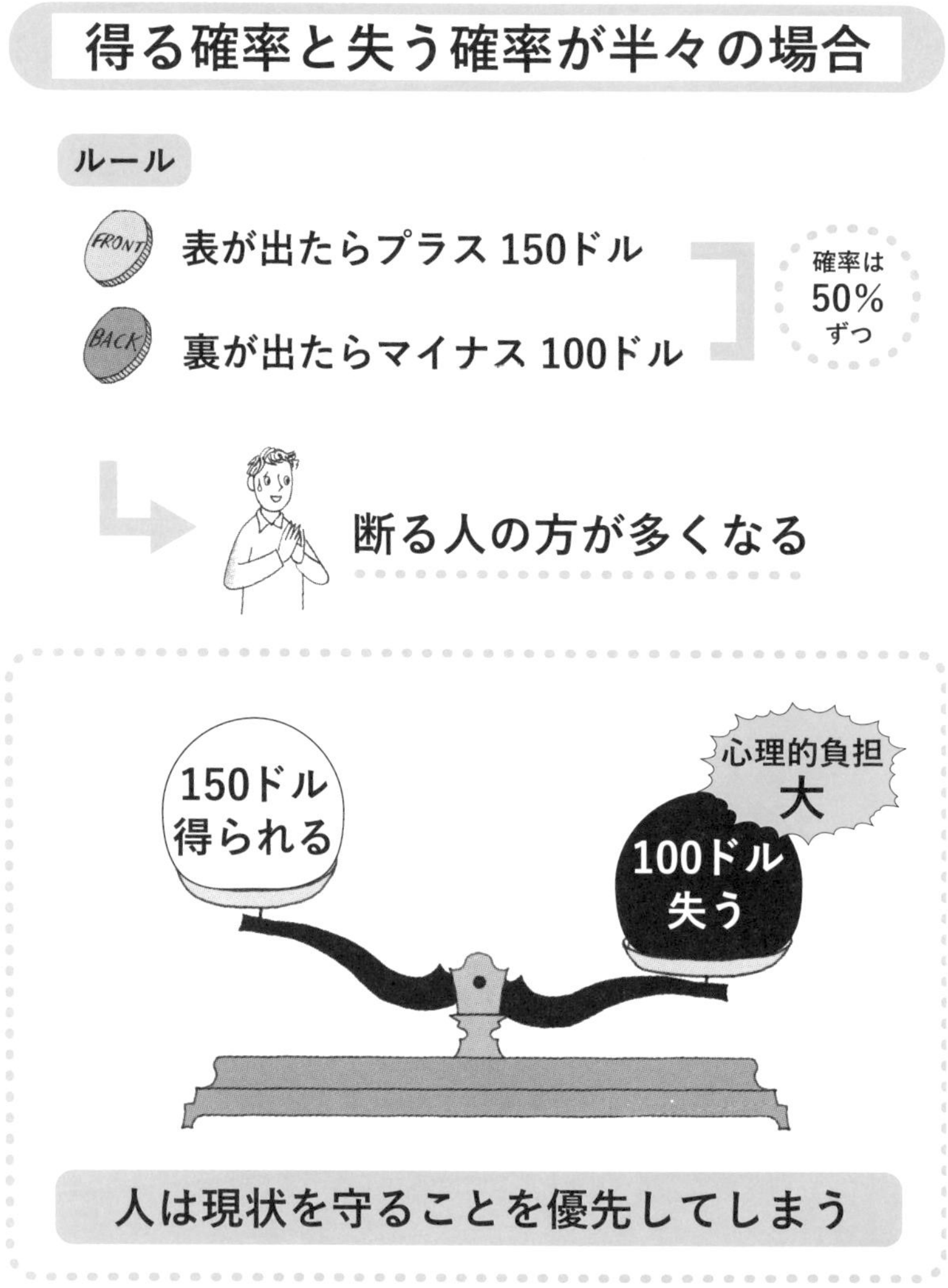

得る確率と失う確率が半々の場合
ルール
FRONT
表が出たらプラス 150ドル
BACK
裏が出たらマイナス 100ドル
確率は50%ずつ
断る人の方が多くなる
150ドル得られる
心理的負担大
100ドル失う
人は現状を守ることを優先してしまう

投資をするより保険をかける人の方が多い

普通、同じくらいの金額のお金を儲けるか、損するか、という話になれば、関心度は変わらないようにも思われます。しかし人は心理的に損の方に重きを置きがちだというのが、この「プロスペクト理論」です。心理学者のダニエル・カーネマンは、その著書『ファスト&スロー』の中で次のようなことを述べています。

『「コインの表が出たら１５０ドルもらえる、コインの裏が出たら１００ドル払わなければならない」というギャンブルに誘われた時、多くの人はそれを断る。それは人は儲かることよりも、損をすることの方を嫌がるからである。』

裏が出るか、表が出るかは50%ずつの確率であり、**表が出た時の〝賞金〟は裏が出たときの〝罰**

ダニエル・カーネマン（1934-）
▶イスラエル出身の心理学者。心理学と経済学を絡め、新たな研究分野を開拓した。

まとめ

損失を回避したいがために、結果的に損をする選択をとっているかもしれない

「現状維持バイアスの実験」

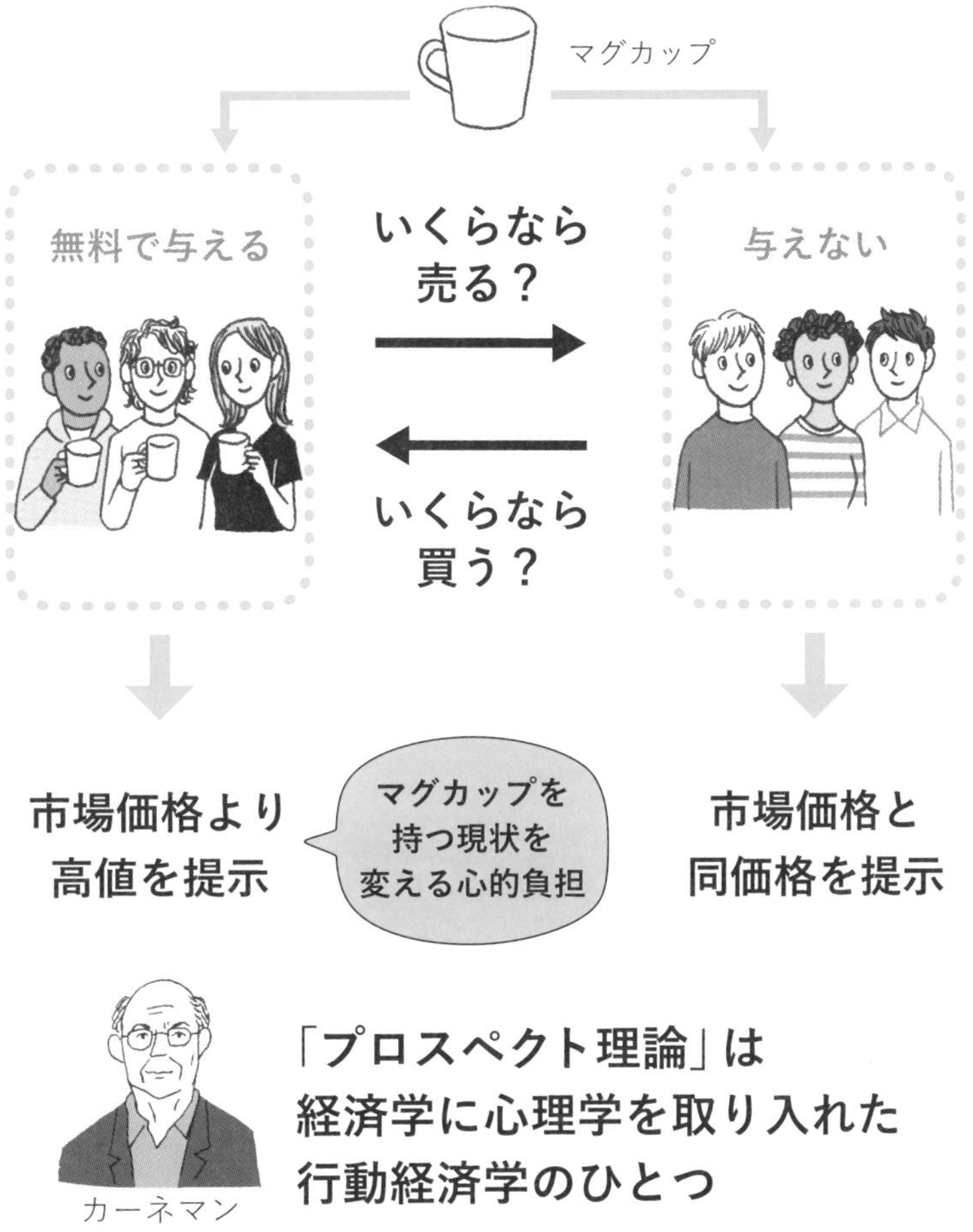
マグカップ
無料で与える
与えない
いくらなら売る？
いくらなら買う？
市場価格より高値を提示
マグカップを持つ現状を変える心的負担
市場価格と同価格を提示
カーネマン

「プロスペクト理論」は経済学に心理学を取り入れた行動経済学のひとつ

金”よりもかなり多いにもかかわらず、ほとんどの人は危険性の方を重要視するのです。

人の生活や、社会のあらゆる局面で、この「損失回避の法則」を見ることができます。たとえば、投資をする人よりも、保険をかける人の方がはるかに多いことも、その心理を表しています。

人は自分が保有しているものに価値を感じる

ダニエル・カーネマンらの心理実験の一つに、「現状維持バイアスの実験」があります。

半分の学生にはマグカップを無料で与え、半分の学生には与えませんでした。マグカップを与えられた学生にはいくらならそのマグカップを売るかと質問し、マグカップを与えられなかった学生にはいくらならマグカップを買うかと質問したのです。すると、マグカップを持っている学生が市場価格よりもかなり高い売価を提示し、マグカップを持っていない学生は市場価格と同じくらいの買価を提示しました。

つまり、「マグカップを持っている」という現状を変えることに負担を感じるため、市場価格よりも高く提示したのです。

THE ECONOMIC THEORIES
No.12

ハロー効果

最初の強い印象で全体の印象が決められる

一度抱いた印象は変えにくい

ハロー（HALO）
…神様などの絵でバックに描かれる後光のこと

野球史に残る名スラッガー
常識を覆した天才科学者

Great!
素晴らしい業績だ
人としても一流ね
尊敬すべき人間だ
育ちが立派なんだろう

最初に受けたイメージに影響を受けやすい

第一印象でその後が決まる

「ハロー効果」とは、最初に良いイメージを持ったものに対して、ずっと良いイメージを持ち続けてしまうという心理のことです。

心理学の世界では昔から言われていたことですが、この「ハロー効果」をプロスペクト理論のダニエル・カーネマンらが取り上げたことで、行動経済学での定番の理論となっています。

たとえば、大記録を打ち立てたプロ野球選手や大発明をした科学者は、本当の人間性がどうであれ、人格などもすべてが超一流のような印象を持たれてしまうことがあります。逆にスキャンダルで有名になった人は、その後もそのイメージに引きずられることになります。

また海外旅行に行った際に、出会った現地の人に親切にされればその国は非常にいい国のよ

エドワード・ソーンダイク（1874-1949）
▶アメリカの心理学者・教育学者。「ハロー効果」という言葉を初めて論文で使用した。

公正な評価を阻害する可能性

１つ目の論文
GOOD!
同じ学生の
２つ目の論文
彼の前の論文は
良かったな
彼は能力の高い
人間なんだろう
GOOD!

**ハロー効果に惑わされると、
公正な評価ができなくなる恐れがある**

まとめ

第一印象の力は非常に大きく、与える側も受ける側もそのことを念頭に置いて接するべし

うに思いますし、盗難など嫌な思いをすればその国は非常に悪い国のように思ってしまいます。

当然のことながら、一つの現象だけですべてを判断すれば、事を見誤ります。しかし、**人は得てして、最初に受けた強いイメージに引きずられがちなのです。**

ビジネスの世界では重要

これは、印象を与える側の教訓ともなり、印象を受ける側の教訓ともなります。

たとえば、仕事関係で人と会うときに初対面のイメージというのは、あとあとまで引きずることが多いものです。だから取引先と会うときなどは、このハロー効果のことを念頭に置いておく必要があるでしょう。特に営業担当者などは、「最初のイメージがすごく大事」だということは心しておくべきでしょう。

一方で、**ハロー効果に惑わされると、公正な評価ができなくなるということを心しておくべきでしょう。**人や企業などを評価するとき、最初の強いイメージに引きずられてしまうと、評価の客観性が失われてしまいます。ハロー効果に惑わされずに公正な評価をしたいものです。

「経済」の仕組みは近代に入って大きく変化し、それに伴って様々な経済理論が登場しました。

第3章

歴史を変えた経済理論

THE ECONOMIC THEORIES
No.13

アダム・スミスの経済理論1

〝神の見えざる手〟の本当の意味

経済学の原点『国富論』

『国富論』
第４編第２章

「人は自己の利益のために
最大限の研究と努力をする。
それが結果的に神の見えざる手に
導かれて、いつの間にか
社会の利益に貢献している」

国が企業に独占状態を許したことへの
批判から生まれた言葉

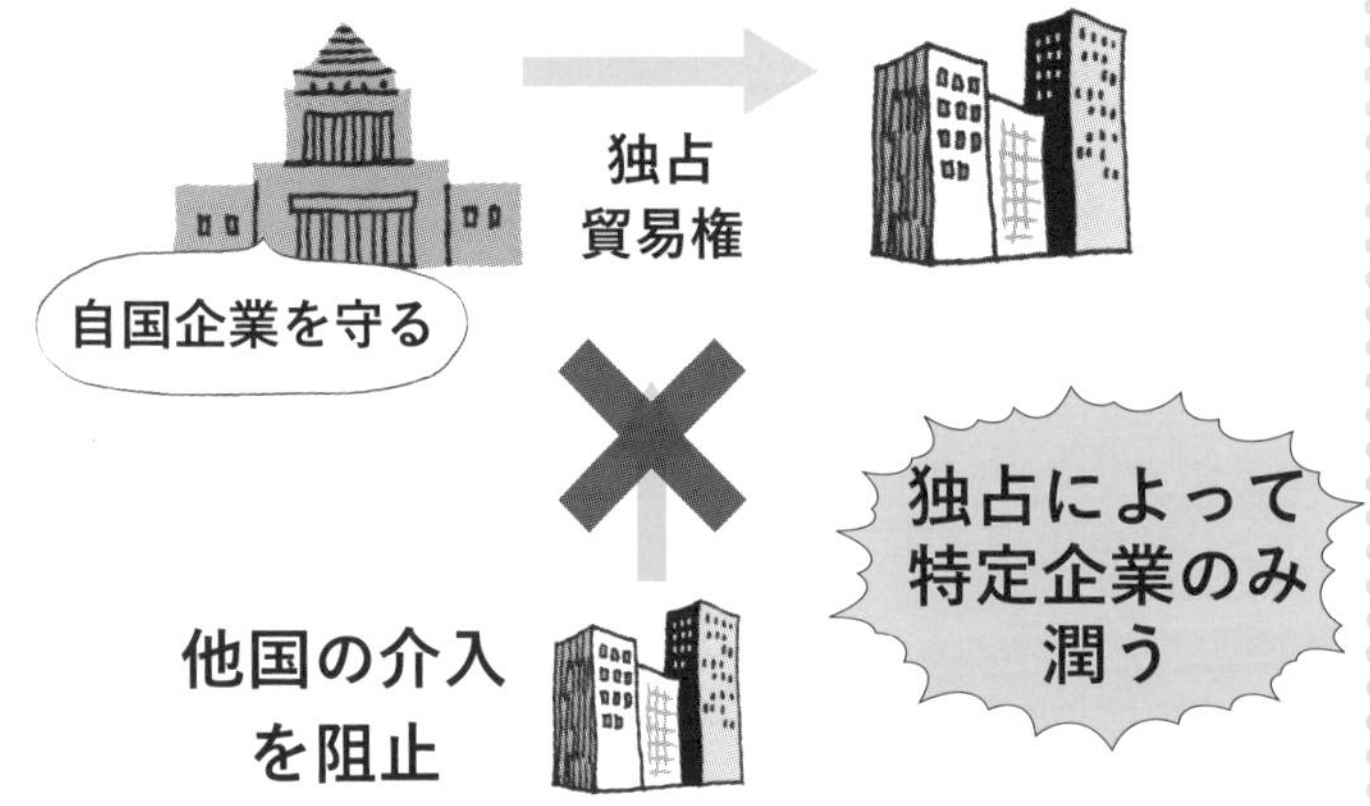
政府
特定の企業
独占
貿易権
自国企業を守る
独占によって
特定企業のみ
潤う
他国の介入
を阻止

経済において「独占」は絶対悪である

『国富論』とは、イギリスの倫理学者アダム・スミスが書いた経済学の古典書です。『国富論』というと、有名な「神の見えざる手」というフレーズが切り取られて「経済はすべて市場に任せれば社会のためになる」という主張が行われがちです。

しかし、それは『国富論』の本来の主旨からはかなり逸脱しているのです。

「神の見えざる手」という言葉は、国が特定の企業に権益を与えて「独占状態」を生み出すことについて批判した文章の中で述べられています。18世紀当時のヨーロッパでは、他国が入ってくるのを阻止するために、国家が特定の企業に独占権益を与え、資源や産品をすべて独占す

アダム・スミス
(1723-1790)
▶イギリスの倫理学者。「近代経済学の父」と呼ばれ、後世に多大な影響を与えた。

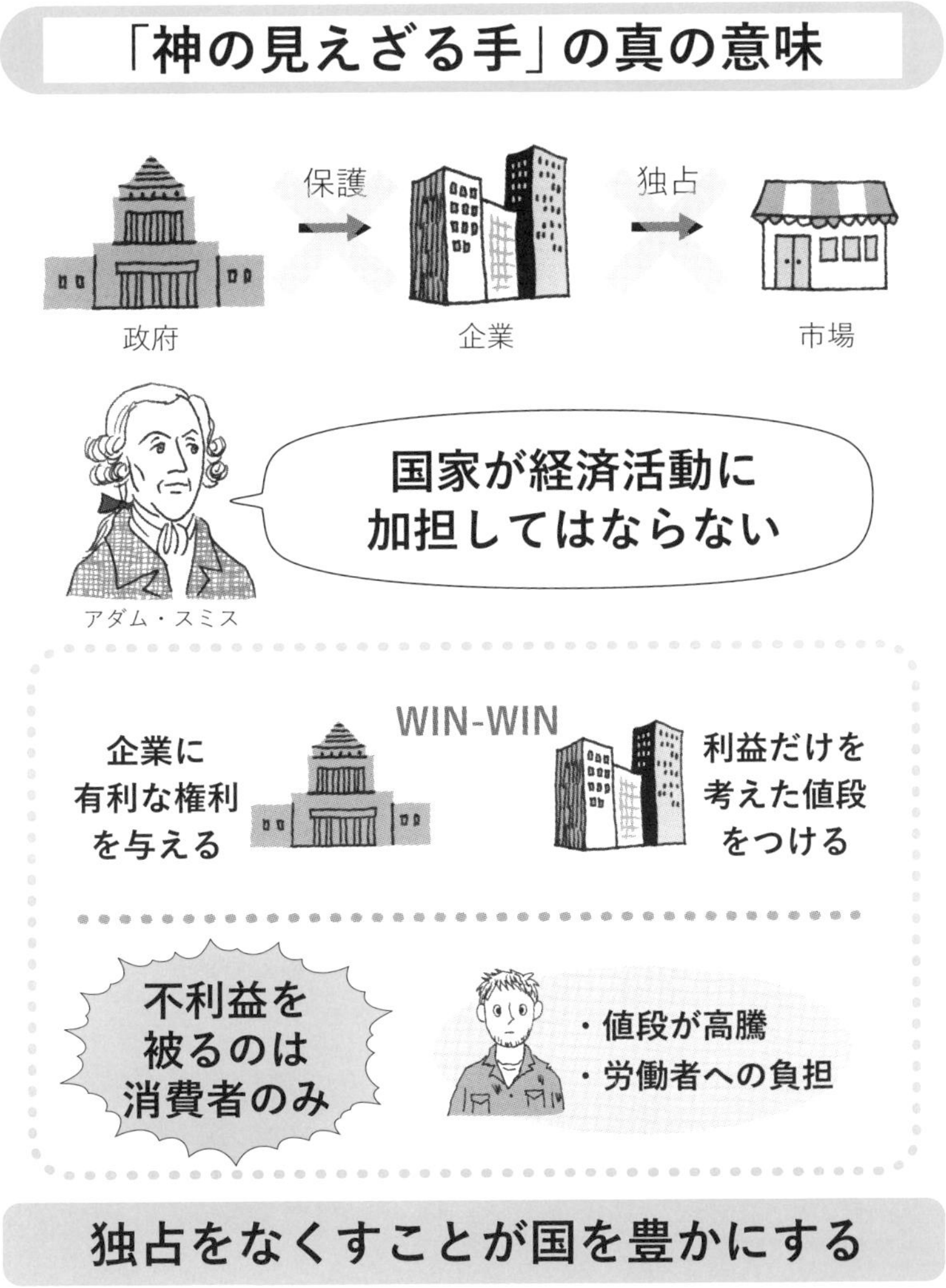
「神の見えざる手」の真の意味
保護
独占
政府
企業
市場
国家が経済活動に加担してはならない
アダム・スミス
WIN-WIN
企業に有利な権利を与える
利益だけを考えた値段をつける
不利益を被るのは消費者のみ
・値段が高騰
・労働者への負担
独占をなくすことが国を豊かにする

まとめ

特定企業による独占は企業だけを潤し、国全体の生産性を低下させる。国や役人は特定企業に加担してはならない

ることがよく行われていたのです。

これは、「自国の権益を守っているようで決してそうではない」とアダム・スミスは述べています。国の富が特定企業に偏ることになり、国の生産性を上げることにはつながらない、ということなのです。

企業側から見れば、「独占」ほど美味しい状態はないわけですから、古今東西の企業は、「独占」を目指しました。そして、企業が独占状態を獲得する方法として古来用いられてきたのが、国や役人と結託するという手法です。

アダム・スミスはこれを強く批判しました。「神の見えざる手」という言葉もその文脈の中で語られているのです。**国家が経済活動に加担してはならない、国家が特定の企業に独占権益を与えるようなことがあってはならない**、と。

一方、アダム・スミスは独占を撤廃することがいかに難しいかということも認識していました。そのため彼は、「せめて今後は新しい独占権益をつくらないことだ」と説いているのです。

国民による政府や企業への対抗手段が限られていた当時の背景もあったからこそ、アダム・スミスは「政府は経済に関与するな」「市場は自由にさせておけ」と主張したのです。

THE ECONOMIC THEORIES
No.14

アダム・スミスの経済理論2

最下層の人々が豊かであることが最善の社会

「社会が豊かである」とは何か

「社会の大部分を占める下層の人々が豊かになることは、社会全体の隆盛と幸福のために欠かせないことである。
そして、社会にとって公正なことでもある」

『国富論』
第1編第8章

複雑な経済問題に共通する原理原則
国の政策
企業の独占
労働者の賃金
すべては社会の人々の幸福のため

『国富論』の原理原則

『国富論』は一つの原理原則にこだわらず、当時の経済問題に対して柔軟に問題解決を図ろうとしている点が特徴です。しかし、一つだけ全編に共通している原理原則があります。

それは、**「国民全体が豊かにならなければ、国は豊かにならない」**です。そして、『国富論』全体が「国民全体を豊かにするにはどうすればいいか」という主旨で書かれているのです。市場原理が大事だと述べているのも、この最終目的を果たすための便法の一つとして提示しているに過ぎないのです。

「経営者のモラル」が大前提

アダム・スミスは、確かに経済活動の自由を

まとめ

労働者が妻子を養うのに十分な賃金を払うのは、経営者としての義務であり、それが社会を幸福にする

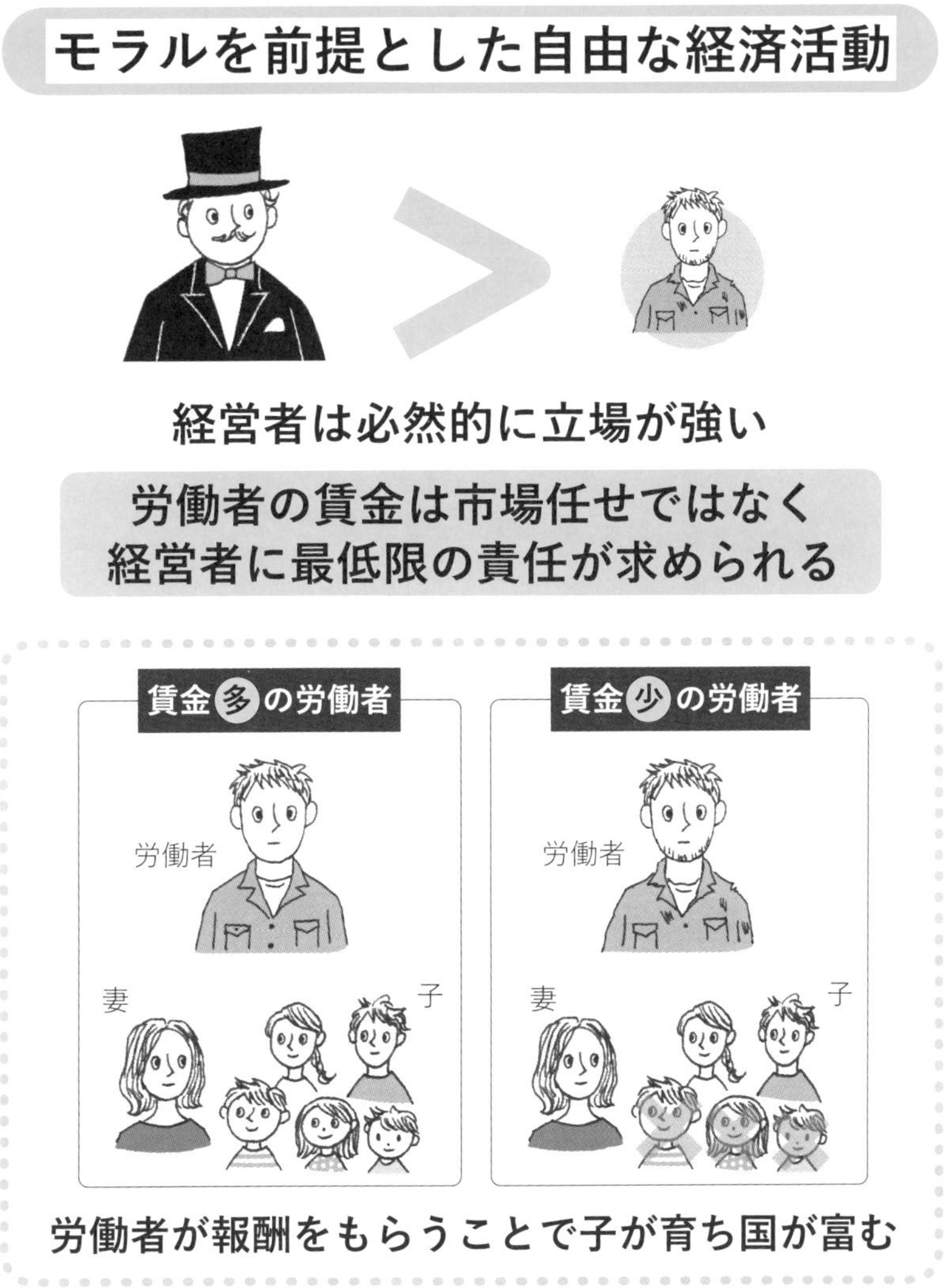
モラルを前提とした自由な経済活動
経営者は必然的に立場が強い
労働者の賃金は市場任せではなく
経営者に最低限の責任が求められる
賃金多の労働者
労働者
妻
子
賃金少の労働者
労働者
妻
子
労働者が報酬をもらうことで子が育ち国が富む

推奨していますが、あくまでも最低限のモラルは守った上での自由です。現在のようなモラルハザード的な資本主義を容認しているわけではないのです。

たとえば、『国富論』では、「経営者と労働者では、必然的に経営者の方が強くなる」「しかし経営者は労働者が家族を養えるだけの最低限の賃金は払わなくてはならない」としています。しかも、ここでいう「最低限の賃金」というのは、「妻と子供2人を養える」という基準まで示されており、**労働者の賃金については市場の自由に任せるのではなく、経営者に対して最低限度の責任、モラルを求めている**のです。

『国富論』では「労働者や下層の人々の報酬を増やすことが、なぜ社会を隆盛させ幸福にするのか」についても具体的に説明されています。

「貧乏な家は子供をたくさんつくるが、子供を育てる環境が劣悪なので、大人になるまで生き残る者は非常に少ない。もし、貧乏な人が豊かな報酬をもらえば、子供は増える」

当時のイギリスでは、貧しい層の子供の死亡率が非常に高かったのです。アダム・スミスは、この高い死亡率を引き下げるには、労働者の報酬を増やすことだと説いているのです。

THE ECONOMIC THEORIES
No.15

アダム・スミスの経済理論3

税金はそれぞれの担税力に応じて負担すべし

税金はあらゆる階層から公平に

あらゆる階層の人々が、それぞれの担税力に応じて納税すべきである。

税は地代、利潤、賃金に対して課せられているが、このうちのどれか一つに偏ってはならない。

『国富論』第５編第２章

税を課す場合の根本的なルール

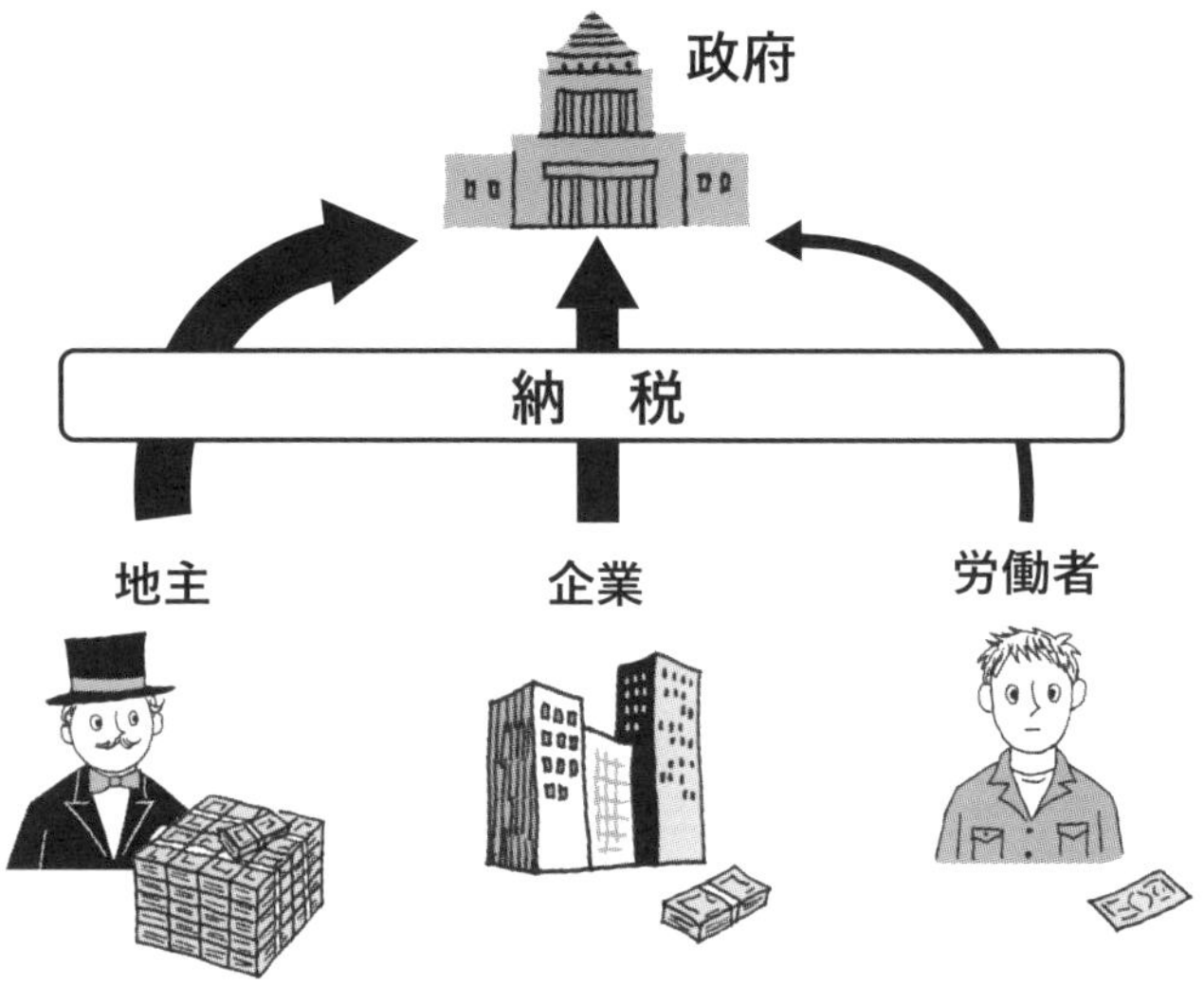

税はあらゆる階層から公平に

『国富論』では、税金に関しても意義深い提言を行っています。**「あらゆる階層の人々が担税力に応じた税を支払うべき」**という言葉は、現代では世界中で税の基本思想となっています。

『国富論』では税を課す場合の基本ルールとして次の４つを挙げています。

・公平であること
・税金の決め方が明確であること
・納税しやすいこと
・徴税するためのコストが安いこと

３つ目の「納税しやすいこと」というのは、納税者にお金がないときに無理やり徴収したり、納税者に不便な方法で徴収したりしてはならないということで、４つ目の「徴税するためのコストが安いこと」というのは、税務当局が

まとめ

税はその人の収入に応じた率で収めるべきであり、十把一絡げに徴税するのは愚策である

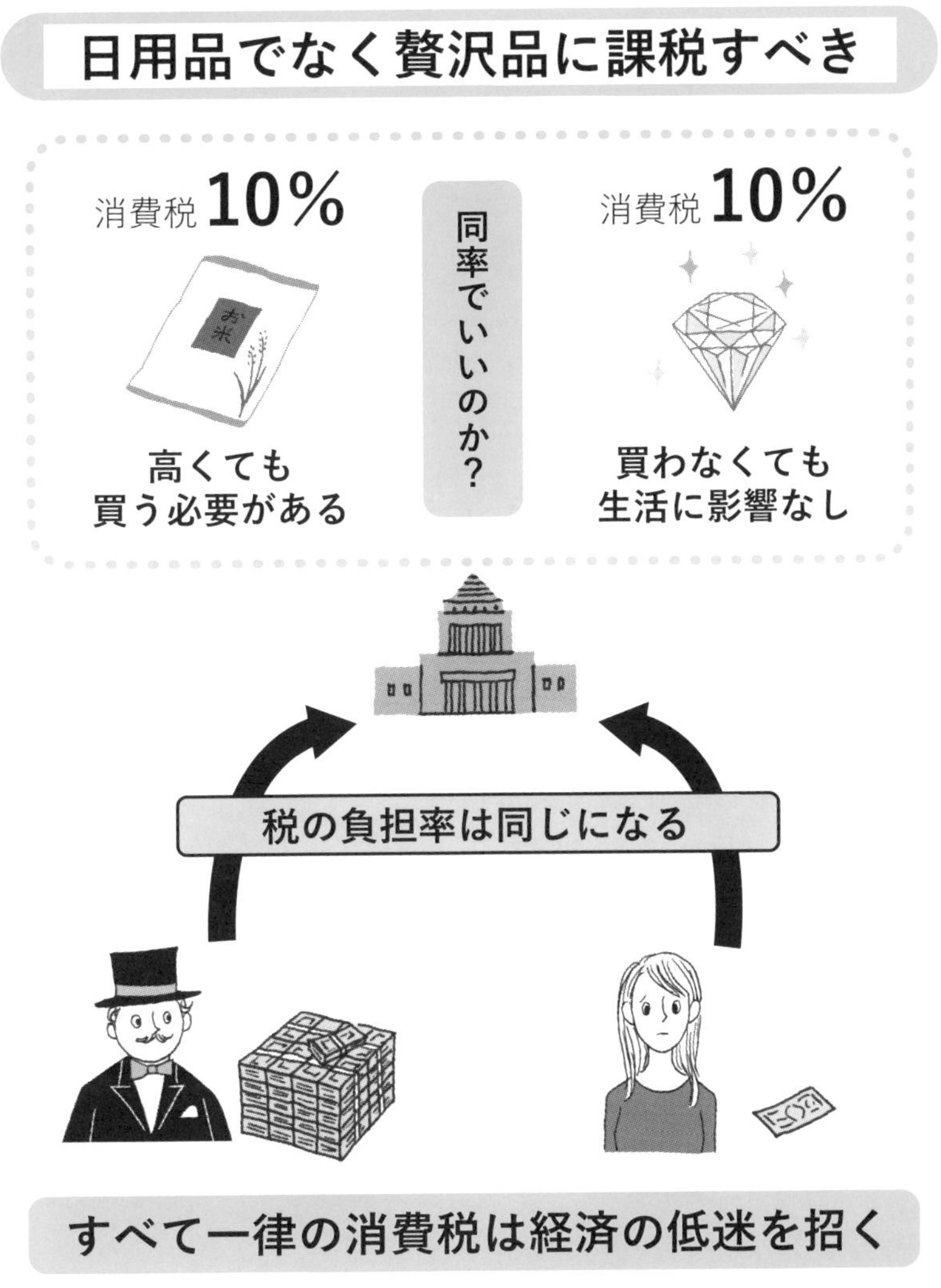
日用品でなく贅沢品に課税すべき
消費税10%
お米
高くても
買う必要がある
同率でいいのか？
消費税10%
買わなくても
生活に影響なし
税の負担率は同じになる
すべて一律の消費税は経済の低迷を招く

税を徴収するときに、あまり費用をかけてはならないということです。

日本の消費税は最悪の税金？

『国富論』の第5編第2章には次のようにも述べられています。

「生活必需品への課税は、あらゆる階層へダメージを与える。しかし、贅沢品への課税は経済社会への害はほとんどない」

贅沢品に課税しても物価全体にはほとんど影響がないし、庶民の生活にもダメージはない。また、贅沢品と違って生活必需品に買わないという選択肢はありませんので、誰でもほぼ強制的に支払わされることになります。

しかし、日本の消費税は、どんな品目も原則として10％です。宝石にも米にもほぼ同じ税率がかかるような乱暴な間接税は、世界的に見ても珍しいのです。こういう愚かな間接税は、アダム・スミスが指摘する通り、国民生活にダメージを与えます。「失われた30年は消費税が引き起こした」とまでは言えませんが、消費税が日本経済によからぬ影響を与え続けたことは、間違いないと言えるはずです。

THE ECONOMIC THEORIES No.16

資本主義とは何か？

国が介入しない自由な経済活動

本来の資本主義の意味

「資本主義」
⬇
自由に商取引を行う経済社会

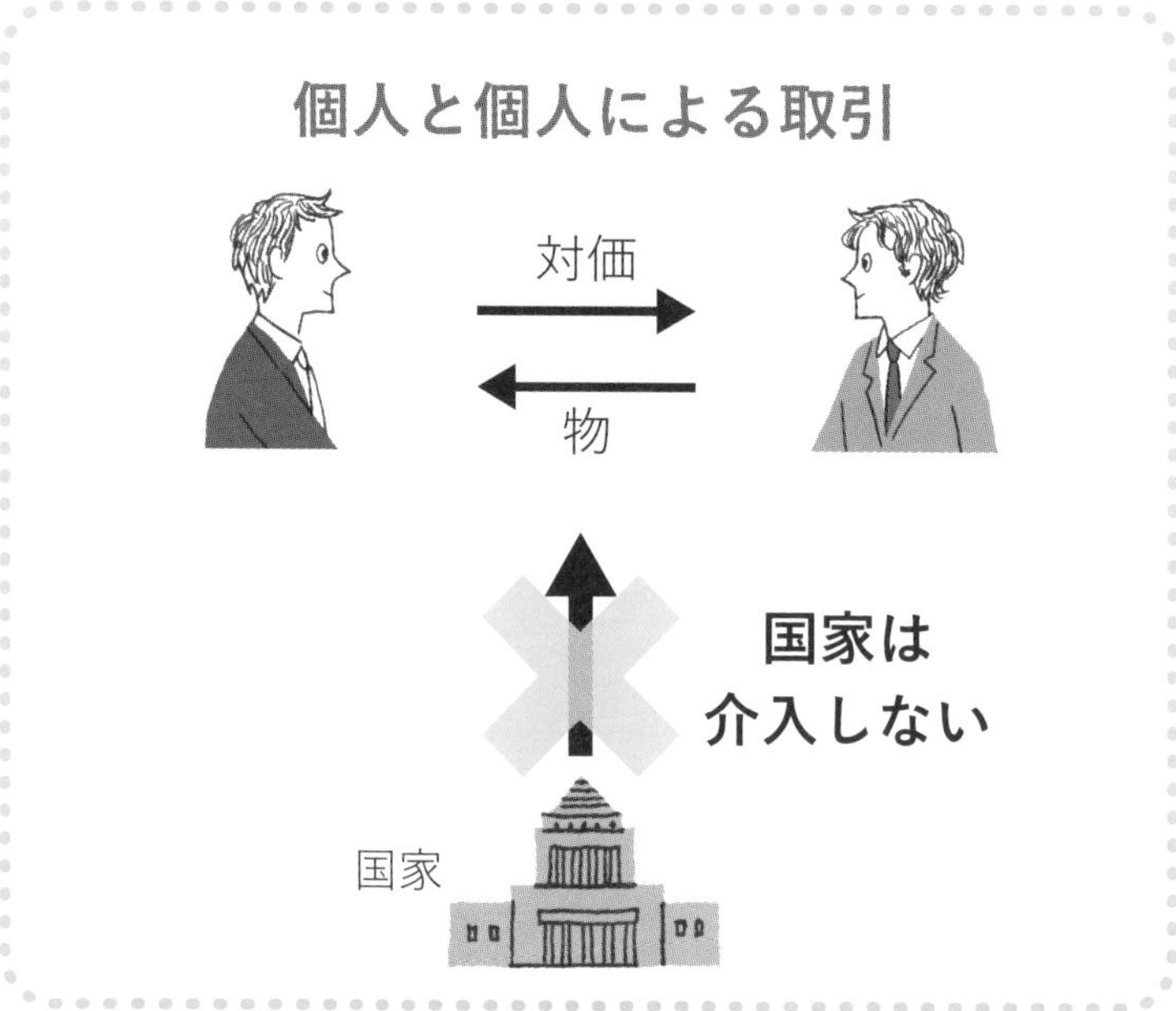
個人と個人による取引
対価
物
国家は
介入しない
国家

「国が不必要に経済に関与しない」という原則

ルイ・ブラン
(1811-1882)
▶フランスの政治家・社会主義者。「資本主義」を現代の用法で使った最初の人物とされる。

市民が自由に行う経済活動

資本主義というのは、ざっくり言えば自由に商取引を行う経済社会のことです。中世から近現代にかけて自然発生的に普及しました。

広義に捉えれば、古代から世界中の様々な国、地域が資本主義社会だったともいえます。というより、人類の歴史上「商取引」というものが始まったころから資本主義社会は始まったともいえます。

しかし世界各地で国家が形作られ、政府が人々の暮らしに大きな影響力を持つようになると、政府が商取引を規制したり、独占したりするようになっていきました。中世ヨーロッパではその度合いが強かったといえます。

そして近代以降のヨーロッパでは市民革命の進行とともに、政府の規制を排除し、「国は不

社会主義者が名付けた「資本主義」

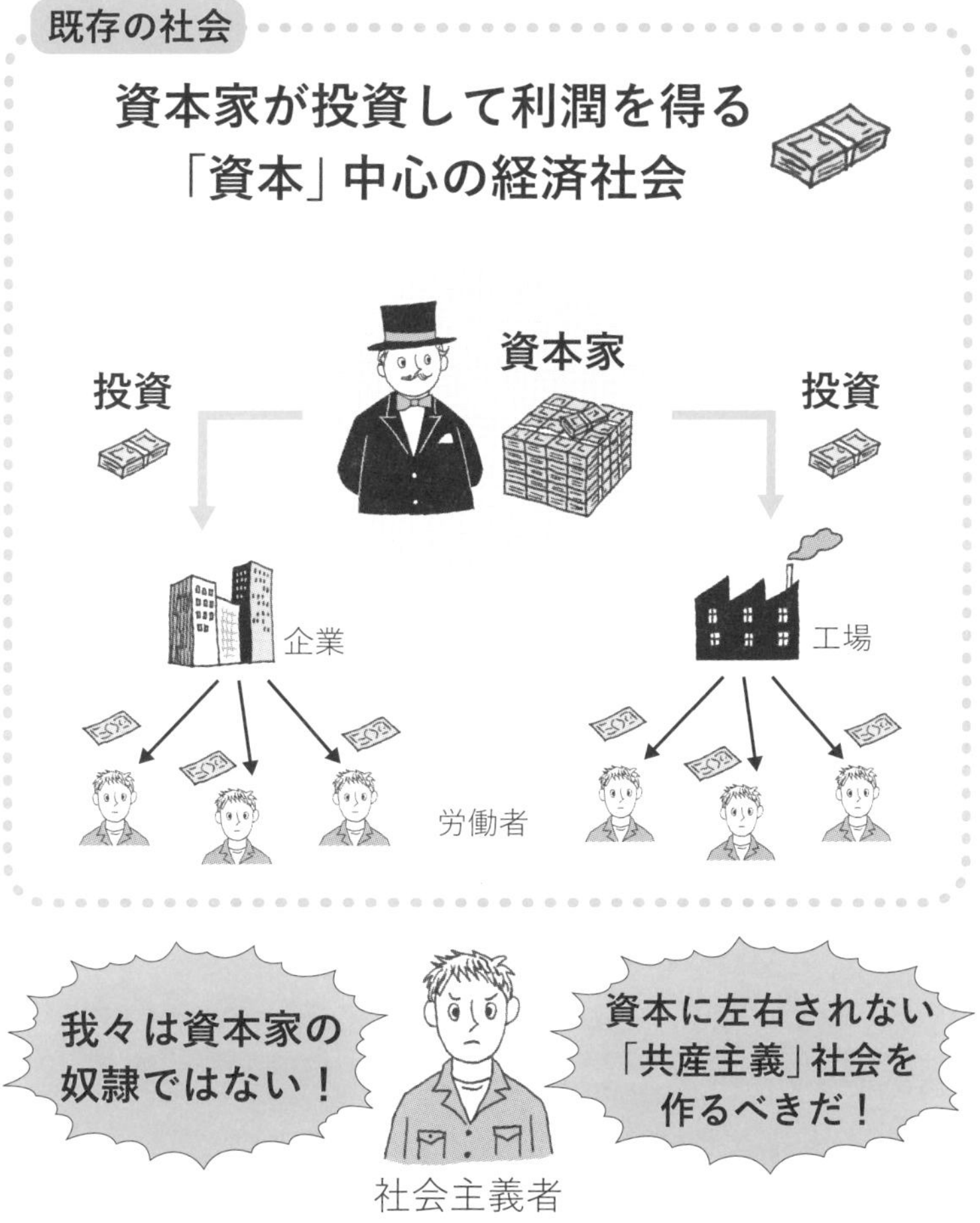
既存の社会
資本家が投資して利潤を得る
「資本」中心の経済社会
資本家
投資
投資
企業
工場
労働者
我々は資本家の奴隷ではない！
資本に左右されない「共産主義」社会を作るべきだ！
社会主義者

まとめ

「資本を重視する自由な経済活動」という意味から、思想的な意味を持つ言葉に変容していった

必要に経済に関与してはならない」という原則ができてきました。この経済活動の自由という原則が、現在、世界中に広まっている「資本主義経済」の根本原理なのです。

「資本主義」という言葉

資本主義という言葉自体は昔からあり、以前は「資本を重視する経済思想」というような狭い意味で使われていました。しかし、**社会主義者や共産主義者たちが、自分たちの目指す経済社会と現実の経済社会を区別するために、現実の経済社会を指す言葉として使い始めた**のです。

産業革命以降の経済システムは「資本家が様々な事業に投資をし利潤を得ること」で回るようになり、同時に「会社の仕組み」や「証券市場」などが整備されました。事業経営はせずに投資をするだけの「投資家」という人々も社会に普及し、経済の中で「資本」というものがより大きな意味を持つようになったのです。

それを見た社会主義者たちは、「今の経済システムは資本を持っているものだけが潤う」として、今の経済システムを批判する意味も込めて、「資本主義」と呼んだのです。

THE ECONOMIC THEORIES
No.17

マルクス資本論

労働者は必ず資本家から搾取される

カール・マルクス
(1818-1883)
▶ドイツ出身の思想家。20世紀以降の経済・政治・思想に多大な影響を与えた。

労働者が中心となる社会へ

カール・マルクス

労働者よりも資本家の方が圧倒的に強い。
だから資本家は労働者から搾取しようとする。
資本家の搾取をやめさせるためには、
労働者が社会の中心にならなくてはならない。

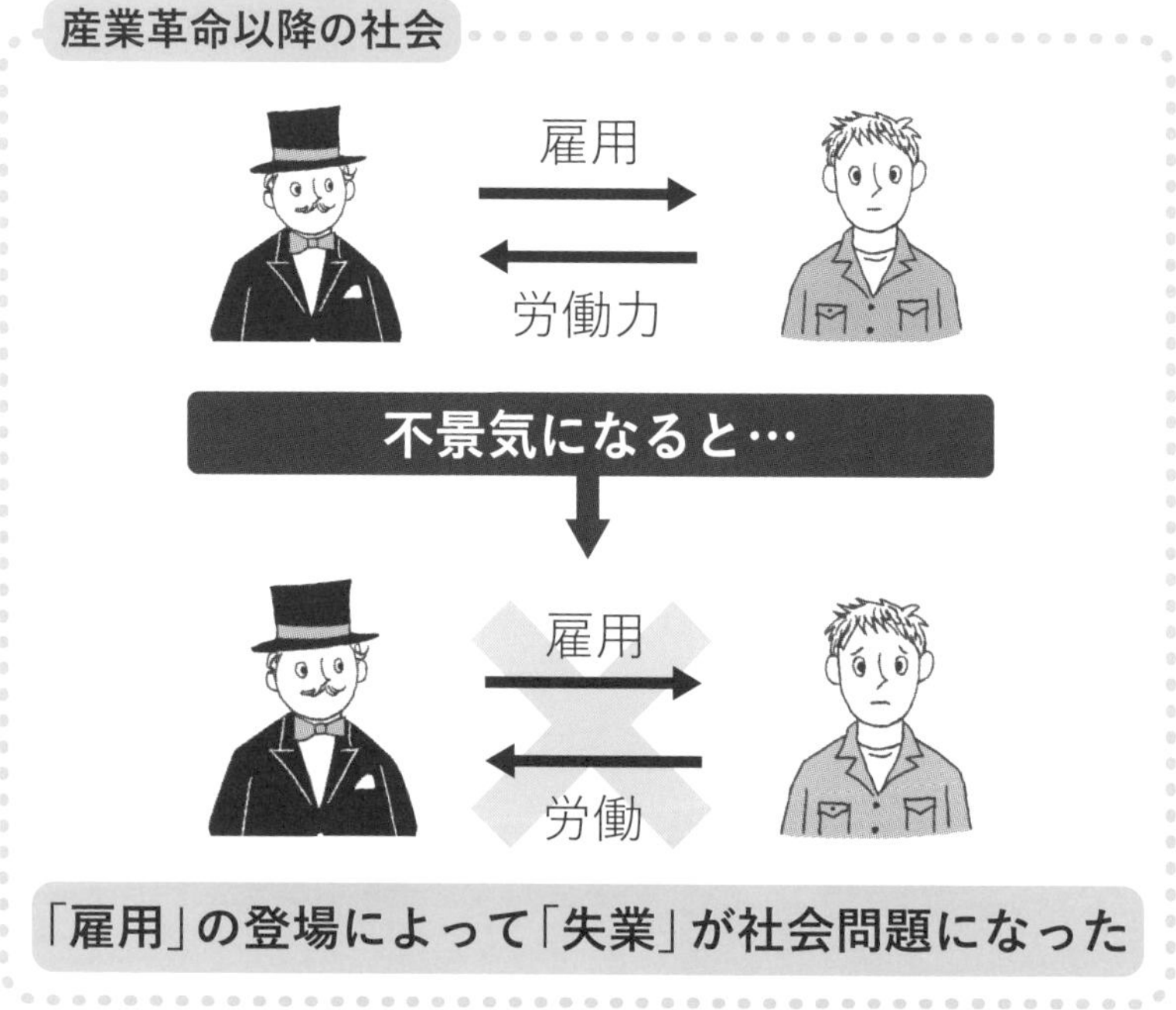

産業革命以降の社会
雇用
労働力
不景気になると…
雇用
労働
「雇用」の登場によって「失業」が社会問題になった

資本家による搾取を止める

19世紀にカール・マルクスが『資本論』や『共産党宣言』を著したとき、多くの知識人たちが共鳴しました。共産主義は、**「搾取されるものも搾取するものもいない平等な社会を実現する」**ことを標榜していました。

18世紀の産業革命以降、経済が急速に発展し、巨大な富を手にする資本家たちがいる一方で、過酷な工場労働などで大勢の労働者が苦しい生活を余儀なくされていました。なかでも、工場に雇用された大勢の労働者たちの失業問題は深刻でした。

そこに登場してきたのが、共産主義という経済思想です。「国民の9割以上は資本家に使われて搾取されるだけ」など、マルクスが『資本論』『共産党宣言』で発したこの警句は、現代社会

現実的でなかった「共産主義」

私有財産を禁止し、
利潤を平等に配分しよう

「計画経済」を基本思想とする「共産主義国家」の誕生

しかし

国の徹底管理による
産業発達の遅れ

公正な競争が
働かず不正が横行

深刻な格差が生まれ、経済は崩壊した

まとめ

資本主義の問題点を指摘した共産主義だが、共産主義にも問題点が多く、結果として崩壊することになった

にも当てはまるような、鋭いものだといえます。

共産主義の欠陥

ですが、マルクスがこの問題を解決するために発した提案が、極端すぎたのです。それが、いわゆる「共産主義革命」です。生活用品などを除いた「私有財産を禁止」し、資本家が得ていた利潤を労働者の手に取り戻そう、利潤はすべて平等に配分しようというものです。

20世紀初頭、マルクスの共産主義を具現化したソビエト連邦という国が誕生しましたが、経済の失敗が最大の原因となり崩壊しました。

共産主義経済の基本思想である「計画経済」は、「生産から消費までをすべて計画し、計画した通りに実行する」というものですが、生産と消費を計画通りに実行するなどというのは不可能ですし、そこに「創意工夫」はまったく生じません。当然、産業の発達は遅れます。

また、「すべての人が平等に富を分かち合える」社会も実現しませんでした。自由で公正な競争ができない社会では、コネがある者、不正を働く者が豊かになっていったのです。**人間の欲がある以上、格差は生じてしまう**のです。

THE ECONOMIC THEORIES
No.18

ケインズの経済理論1

不況の時は政府が公共投資をすべし

公共事業が不況を断ち切る？

従来の経済学

不況のときも自由にさせておけば経済は安定する ← 「神の見えざる手」の拡大解釈

ケインズ理論

政府が財政出動して雇用を増やすことで経済を活発化させる

不況 → 政府による財政出動 → 景気回復

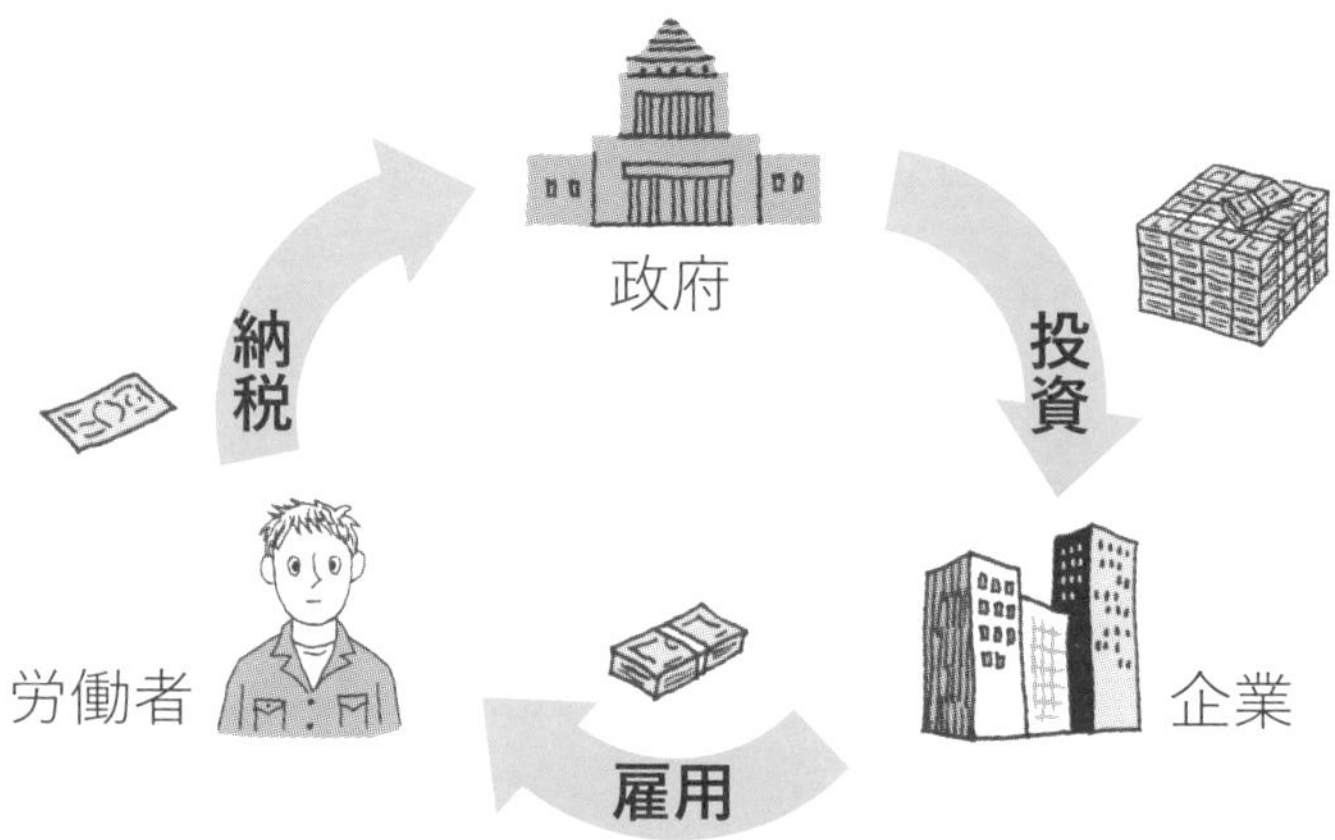

ジョン・メイナード・ケインズ
(1883-1946)
▶イギリスの経済学者。「ケインズ経済学」は現代経済学の礎。

国が失業者に職を与えよ

「不況の時は積極的に公共事業を行う」ということは、現在では普通に経済政策として用いられています。この「有効需要論」をはじめに打ち出したのはケインズなのです。

ケインズ以前の経済学では、アダム・スミスの述べた「神の見えざる手」の理論が拡大解釈され、自由に経済活動をしていれば、すべて丸くおさまると考えられるようになっていました。失業問題についてもしかりです。しかし、世界の経済の実態はこの理論通りにはいっていませんでした。

そんな中ケインズは、「自由放任していても失業問題が自然に解消することはない」という考えを持つようになり、**「失業者が多い時には、国が投資をして有効需要を増やす」という経済**

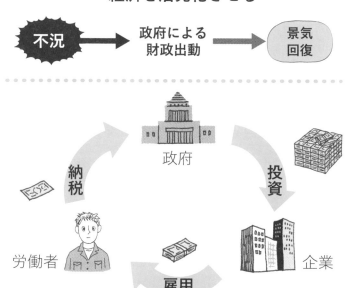

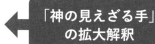

まとめ

ケインズは、不況の際には国が公共事業を行い有効需要を増やすことで、失業者を減らすことができると考えた

ケインズ理論に欠陥あり？

戦後の欧米諸国

財政投資しても赤字が膨らむだけ

慢性的な不況はケインズ理論で考慮されていない

1990年前後の日本

公共事業を行っても景気が良くならない

雇用に繋がらない無駄な公共事業をやりすぎた

ケインズの時代と状況が違うため、別の手法を検討すべき

理論を導き出したのです。

　またケインズ以前の財政政策というのは、支出と収入のバランスをとった均衡財政が最上という考え方が一般的でした。しかしケインズは、赤字財政と黒字財政を使い分ける「伸縮財政」という考えを作りだしました。ケインズは失業が増えるよりも、通貨量を増やして失業を抑え、インフレになった方がいいと主張したのです。

ケインズの理論は敗北した？

　ケインズの経済理論は、１９２９年の世界大恐慌以降、もてはやされることになります。

　ですが、第二次世界大戦後の欧米諸国では、積極的な財政投資を行っても景気は良くならず、財政赤字ばかりが積み上がるという「慢性的な不況」が続きます。「ケインズ経済理論の敗北」などと言われることもありました。

　しかし、**ケインズの経済理論は「慢性的な不況」についての対処法は述べられていません。**ケインズ自身も１９４６年に亡くなっていますので、戦後の英仏の慢性的な不況を知りません。ケインズが存命だったならば、慢性的な不況に対しては別の対処法を提示していたでしょう。

THE ECONOMIC THEORIES
No.19

不景気のときには金利を下げるべし

ケインズの経済理論2

金利を下げて失業者を救え

不景気には政府が
金利を下げるべし

ケインズ

金利が下がる

↓

お金が出回りやすくなる

↓

企業にも個人にもお金が入る

↓

景気が良くなる

↓

雇用が生まれ、失業者を減らせる

金利と通貨量は国家が管理すべき

「金利を下げれば、確かに年金生活者などの収入が減るが、それでも景気をよくして失業者をなくすことが先決である」

今では、景気対策としては当たり前とされているこの理論も、ケインズが提唱したものです。景気がよくなれば、インフレを抑制するために金利を上げるべきだともしました。

また、ケインズは第一次世界大戦後すぐに、金本位制をやめて管理通貨制に移行するように、イギリス政府に提言したのです。「金本位制こそが最上の通貨政策」と信じられてきた当時の世界では、異端な方法でした。しかしケインズの主張もむなしく、イギリスは１９２５年、戦前の平価で金本位制に復帰します。このとき

まとめ

不景気のときは国が金利を下げて経済を回すことで失業者を減らせる。ケインズ理論は「失業をなくすこと」がテーマ

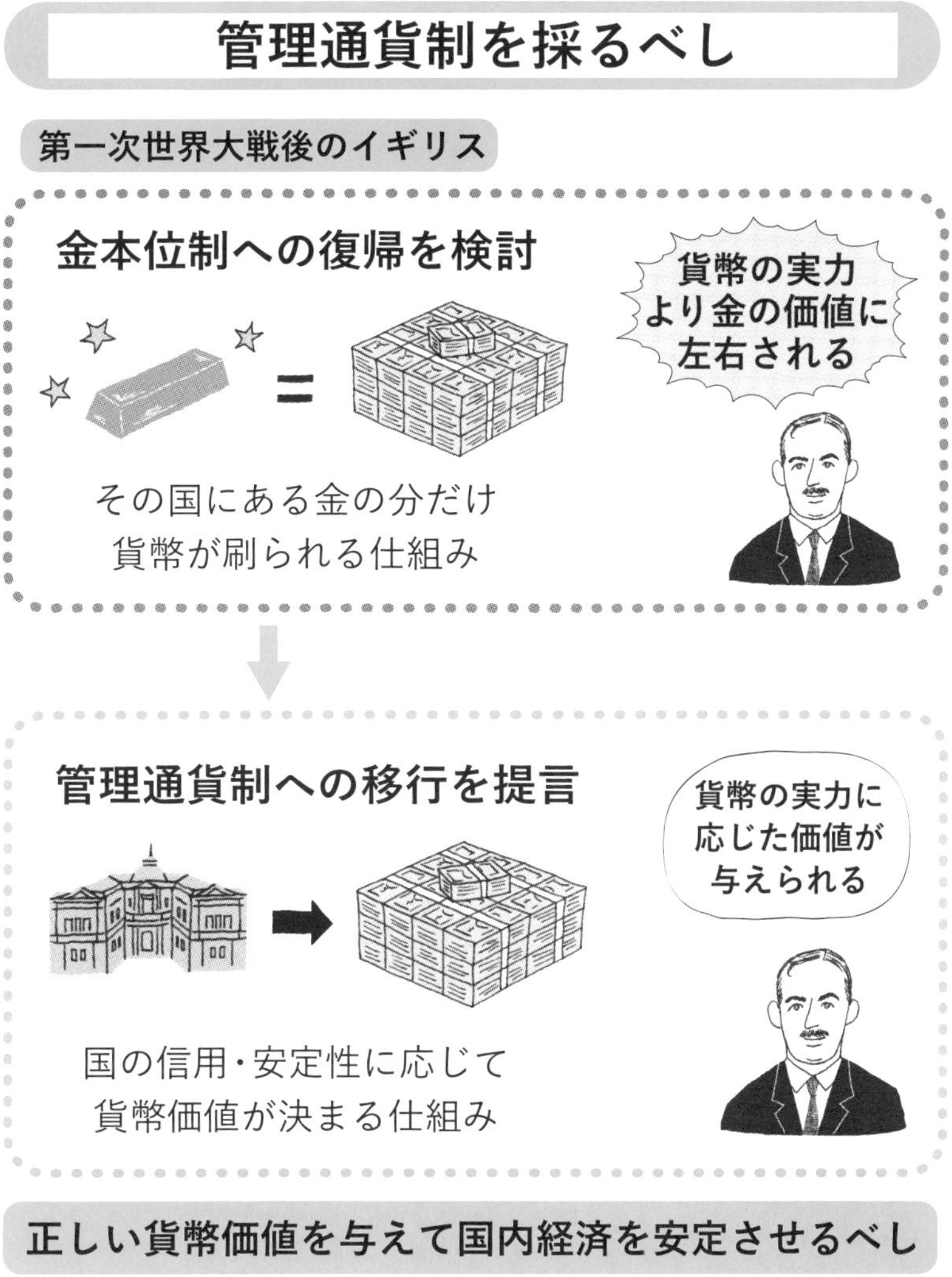

管理通貨制を採るべし
第一次世界大戦後のイギリス
金本位制への復帰を検討
貨幣の実力より金の価値に左右される
その国にある金の分だけ貨幣が刷られる仕組み
管理通貨制への移行を提言
貨幣の実力に応じた価値が与えられる
国の信用・安定性に応じて貨幣価値が決まる仕組み
正しい貨幣価値を与えて国内経済を安定させるべし

ケインズは政府を鋭く批判しました。

「ポンドが平価で金本位に復帰すれば、ポンドの今の実力よりもかなり割高になる。そうなると輸出品が打撃を受ける。輸出企業は輸出品の値段を下げるために、労働者の賃金を下げるかもしれない」「しかし労働者は、賃金を下げられるいわれはない。労働者は、大蔵省や金融街の犠牲にされるいわれはないのだ」

そしてケインズの懸念どおり、特に炭鉱業の労働者の賃金を大幅にカットしようとしました。

テーマは「失業をなくすこと」

金融危機、不況、インフレ、デフレが生じたとしても、食うに困る人が出ないならばほとんど問題にはなりません。つまり、**金融危機、不況自体が問題ではなく、失業が問題なのです。**

第二次世界大戦後の世界経済は、ケインズの提言に沿うように、世界中のほとんどの国が金本位制を諦め管理通貨制に移行しました。不況のときには金利の引き下げを、景気がよくなれば金利を引き上げてインフレを抑制するということが普通に行われるようになったのです。

「経済はどのように回っているのか」「経済とはどうあるべきか」…経済の基本ともいえる理論を解説します。

THE ECONOMIC THEORIES RELATING TO GENERAL EDUCATION

THE ECONOMIC THEORIES RELATING TO GENERAL EDUCATION

第4章

大人として知っておきたい経済理論

THE ECONOMIC THEORIES No.20

悪貨は良貨を駆逐する
グレシャムの法則

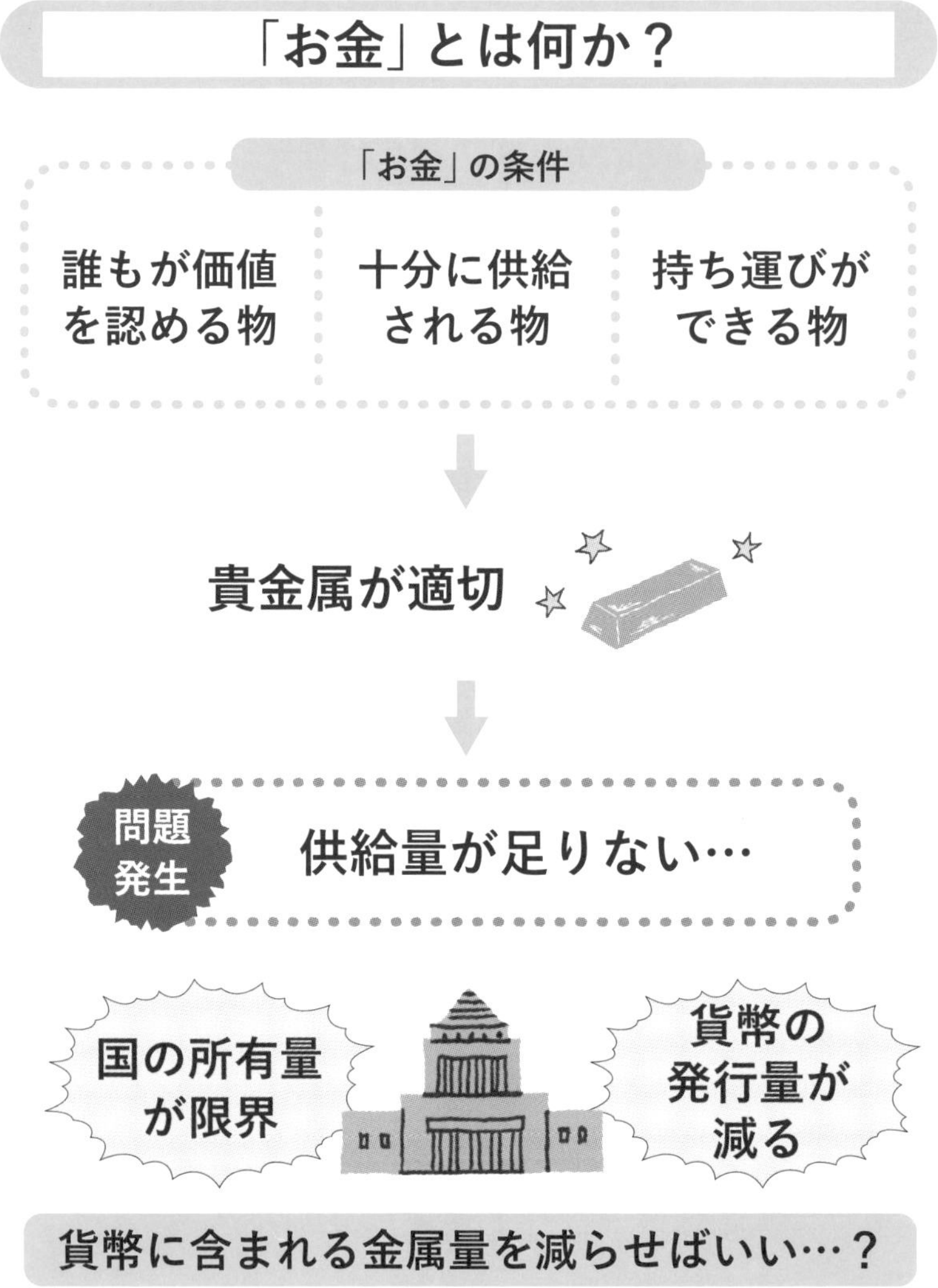
「お金」とは何か？
「お金」の条件
誰もが価値を認める物
十分に供給される物
持ち運びができる物
貴金属が適切
問題発生
供給量が足りない…
国の所有量が限界
貨幣の発行量が減る
貨幣に含まれる金属量を減らせばいい…？

トーマス・グレシャム（1519-1579）
▶イギリスの財政家。王室の金融代理人を務めた際に良貨と悪貨の関係に気付いた。

貨幣不足を補うためだった

100年ほど前までは、貨幣は金や銀などの貴金属でできていました。お金が成り立つ条件に、貴金属が一番近かったからです。お金が社会で使用されるには、「誰もが価値を認める物であること」「持ち運びができること」「十分に供給されること」といった条件が必要でした。

しかし、「貴金属でつくられたお金」には、大きな問題がありました。それは「供給不足」です。お金の必要量が増大しても国の貴金属の所有量には限りがありますから、そう簡単に大量増発はできません。

この「お金の供給不足」に関しては、古今東西の政府は、貴金属の品位を下げるというような方法で対応してきました。金や銀の純度が落ちた貨幣を鋳造し、それを、以前の純度の高い

まとめ

貨幣不足を貨幣の質を下げることで解決しようとすると、質の低い貨幣ばかりが出回るようになる

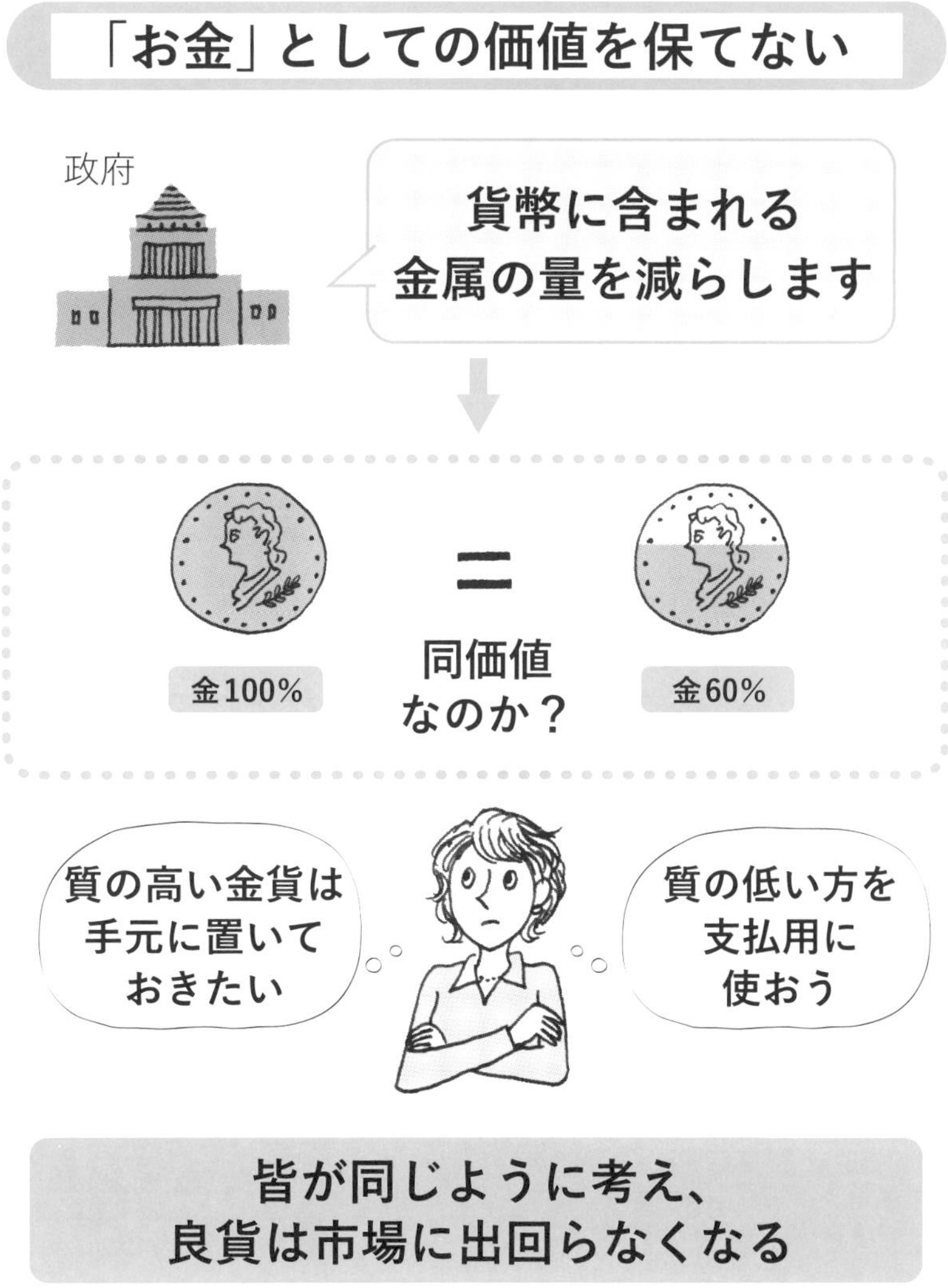
「お金」としての価値を保てない
政府
貨幣に含まれる
金属の量を減らします
=
同価値
なのか？
金100％
金60％
質の高い金貨は
手元に置いて
おきたい
質の低い方を
支払用に
使おう
皆が同じように考え、
良貨は市場に出回らなくなる

貨幣と同じ価値に設定して流通させました。

つまり、本当は、価値の下がっている通貨を、下がっていないと言い張って無理やり流通させたのです。当然のことながら、**以前の金貨は価値が高くなって市場に出回らなくなり、金の含有量の減った新しい金貨ばかりが市場に出回ることになります。**

これが16世紀のイギリスの財政家トーマス・グレシャムが提唱した「悪貨は良貨を駆逐する」というグレシャムの法則です。

50セント硬貨が使われなくなった

「悪貨は良貨を駆逐する」法則の典型的な例が、1960年代のアメリカで起きています。

当時、アメリカの50セント硬貨は銀の含有量が90％でした。しかし銀相場が上昇して製造コストが上がったため、銀の含有量を40％に減らしたのです。すると、以前の50セント硬貨は市場から姿を消し、銀40％の硬貨ばかり出回るようになってしまいました。その後、銀がほとんど含まれない硬貨が鋳造され、今では50セント硬貨そのものが使われなくなってしまいました。

THE ECONOMIC THEORIES
No.21

マルサスの人口論

食糧生産は人口の増加に追いつけなくなる

食糧が足りなくなる

食糧	人口
足し算でしか増えない	掛け算で増えていく

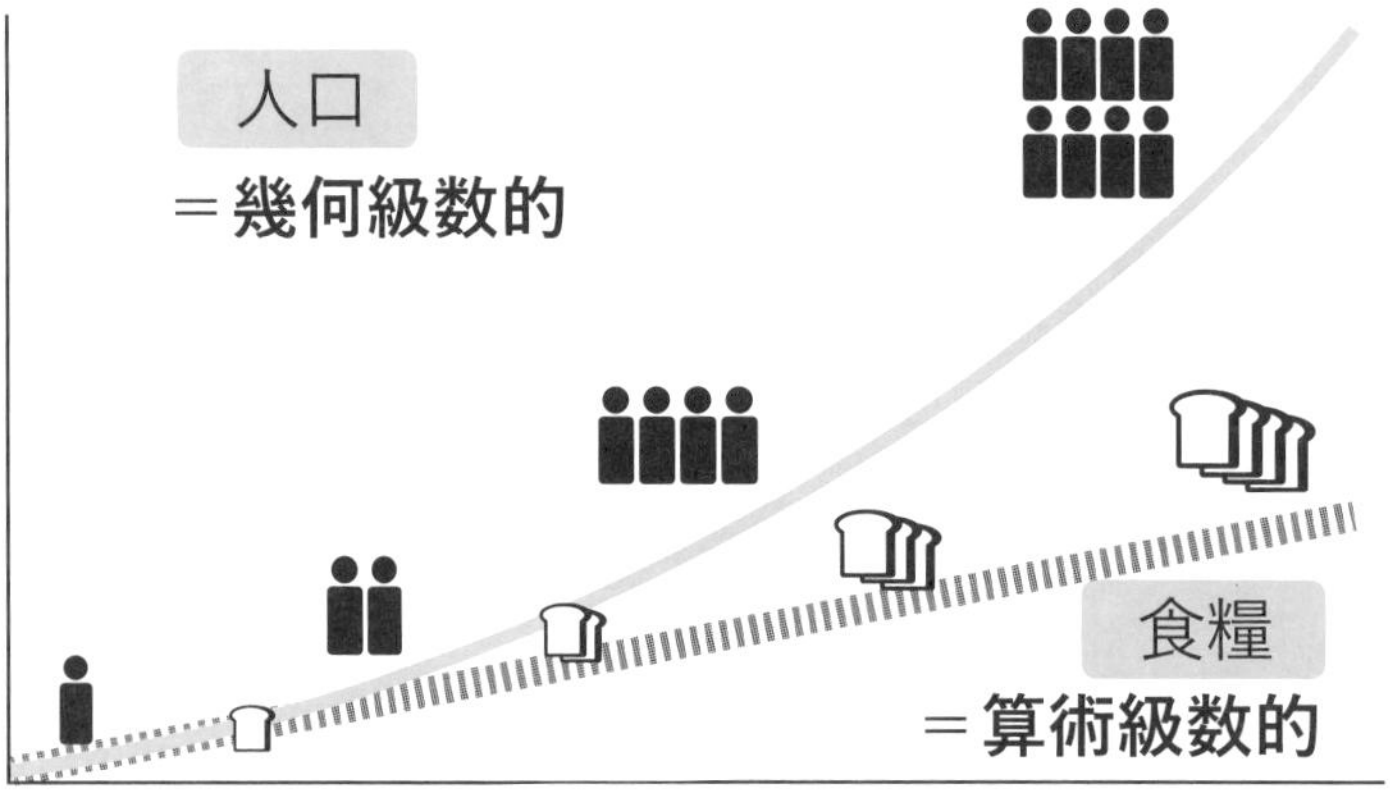

医療が発達し、人口が増加した時代もあって問題視された

食糧不足に陥る未来

マルサスは1766年にイギリスの牧師の家に生まれ、ケンブリッジ大学で学び学者の道に進みます。1798年に匿名で『人口論』を発表し、大きな反響を呼びました。

人口論は、ざっくり言えば**「食糧は足し算でしか増えないけれど、人口は掛け算で増えていく」**ということです。「子供の数×子供の数」で増える人口に対し、食糧生産は土地などに限りがありますので、少しずつしか増えていきません。だから、人口が増え続ければ、食糧不足に陥ってしまう、ということです。

なぜこの人口論が社会に大きな影響を与え、経済学説として重きをなしたかというと、『人口論』が執筆された当時、ヨーロッパは大きな変革の時期を迎えていました。

トマス・ロバート・マルサス (1766-1834)
▶イギリスの経済学者。人口の観点から経済を考えた。

世界中で問題視された「人口増」

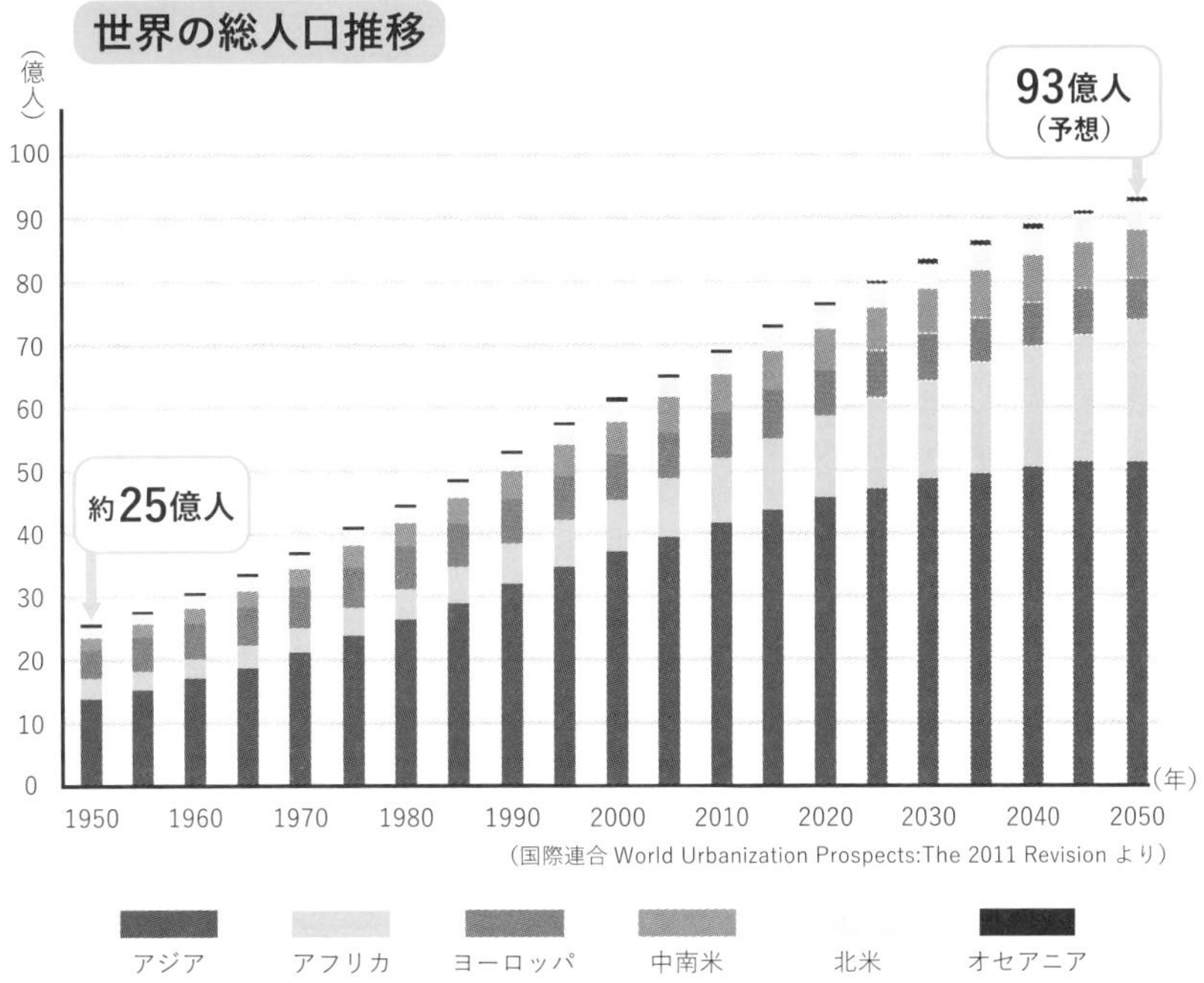
世界の総人口推移
（億人）
100
90
80
70
60
50
40
30
20
10
0
約25億人
93億人
（予想）
1950
1960
1970
1980
1990
2000
2010
2020
2030
2040
2050
（年）
アジア
アフリカ
ヨーロッパ
中南米
北米
オセアニア

（国際連合 World Urbanization Prospects:The 2011 Revision より）

特にアジア・アフリカの人口増加は著しい

↓

食糧難の危機は現在も去っていない

まとめ

世界全体を見れば人口は増加する一方であり、食糧生産の問題はいまだ世界の課題の一つである

産業革命が始まりかけていた頃であり、医学の発達により人々が大量に死亡するというようなことがなくなってきていたのです。

その一方で、まだ宗教が強い力を持っており、キリスト教の「人はできる限りたくさんの子供を産むべき」という価値観から、産児制限をすることなどはもってのほかという風潮があったのです。牧師の家に生まれたマルサスは、そういうキリスト教の価値観を強く意識して生きていたはずです。

現代世界にも影響を与えた

マルサスの人口論は、当時のヨーロッパの人々だけでなく、世界中に大きな反響を呼びました。日本でも、明治維新後、『人口論』は知識階級の間で広く読まれました。

少子高齢社会の現代日本では人口爆発や食糧危機に対しての問題意識が薄れていますが、つい半世紀前までは、日本では人口減よりも人口増の方を問題視していたのです。

また、**世界全体で見れば少子化ではなく、爆発的な人口増加が今も進んでいます。**だから、マルサスの警告はまだ解除されていないのです。

THE ECONOMIC THEORIES
No.22

リカードの比較優位理論

貿易は他国より優位な品を輸出せよ

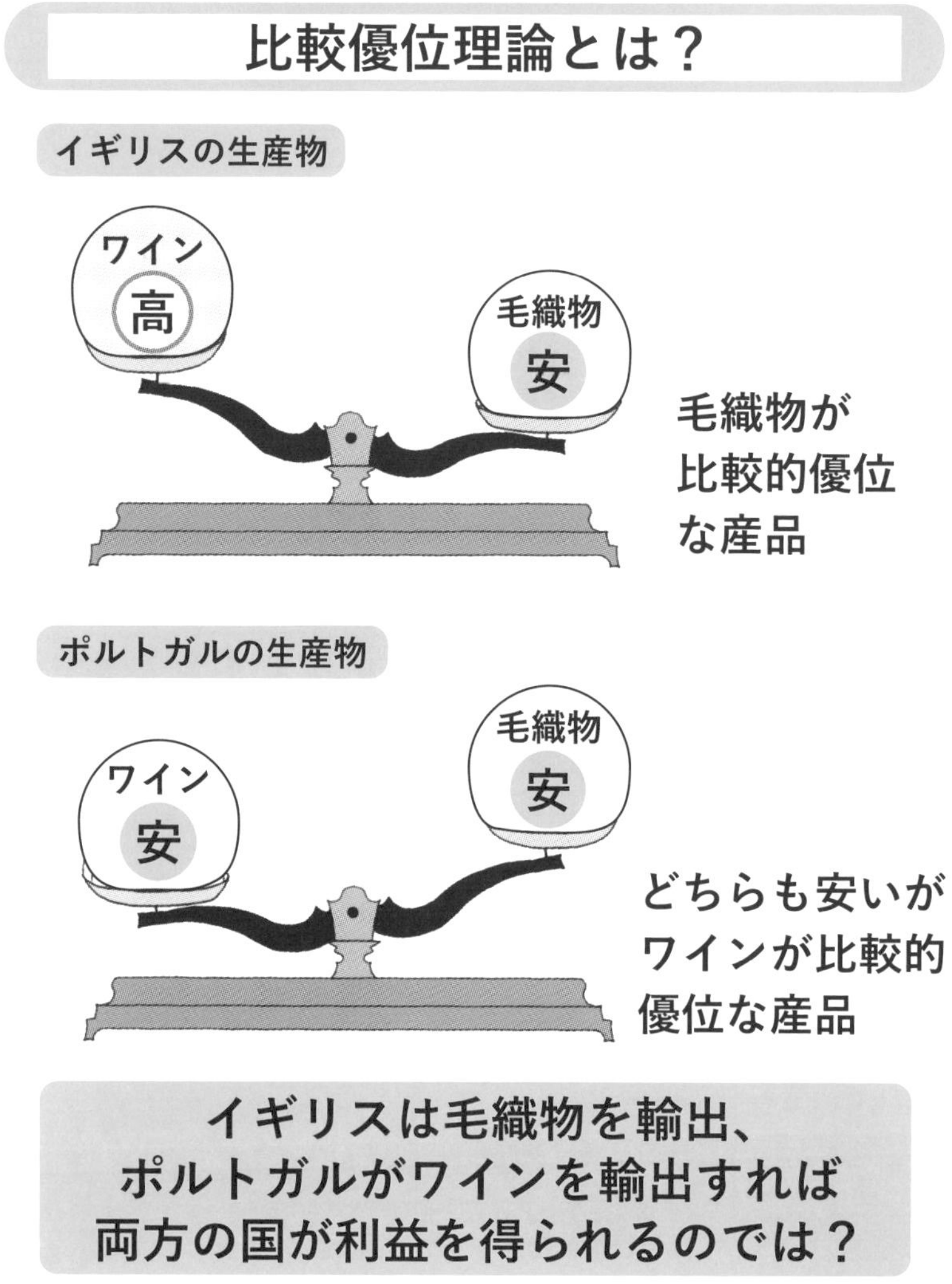

比較優位理論とは？
イギリスの生産物
ワイン
高
毛織物
安
毛織物が
比較的優位
な産品
ポルトガルの生産物
毛織物
安
ワイン
安
どちらも安いが
ワインが比較的
優位な産品
イギリスは毛織物を輸出、
ポルトガルがワインを輸出すれば
両方の国が利益を得られるのでは？

デヴィッド・リカード（1772-1823）
▶イギリスの政治家・経済学者。自由貿易を擁護する理論を展開した。経済学の重要人物。

自国で優位な商品を取引き

「比較優位理論」は、現在の国際貿易においても非常に大事な概念となっています。

イギリスの政治家、デヴィッド・リカードは、この理論を当時のイギリスとポルトガルの生産物であるワインと毛織物を比較して、説明しています。当時、イギリスでは輸出するほどのワインを生産するのは難しかったのですが、毛織物はそれに比べて容易に生産できていました。一方、ポルトガルではワインと毛織物の両方を、イギリスよりも低コストで生産できていました。

ここでは、イギリスが毛織物を輸出すれば、ポルトガルからワインを安く手に入れられるという関係性が成り立ちます。つまり「比較優位理論」とは、**各国がお互いで比較的優位な産品を貿易しあうことにより、両方の国がお互いに**

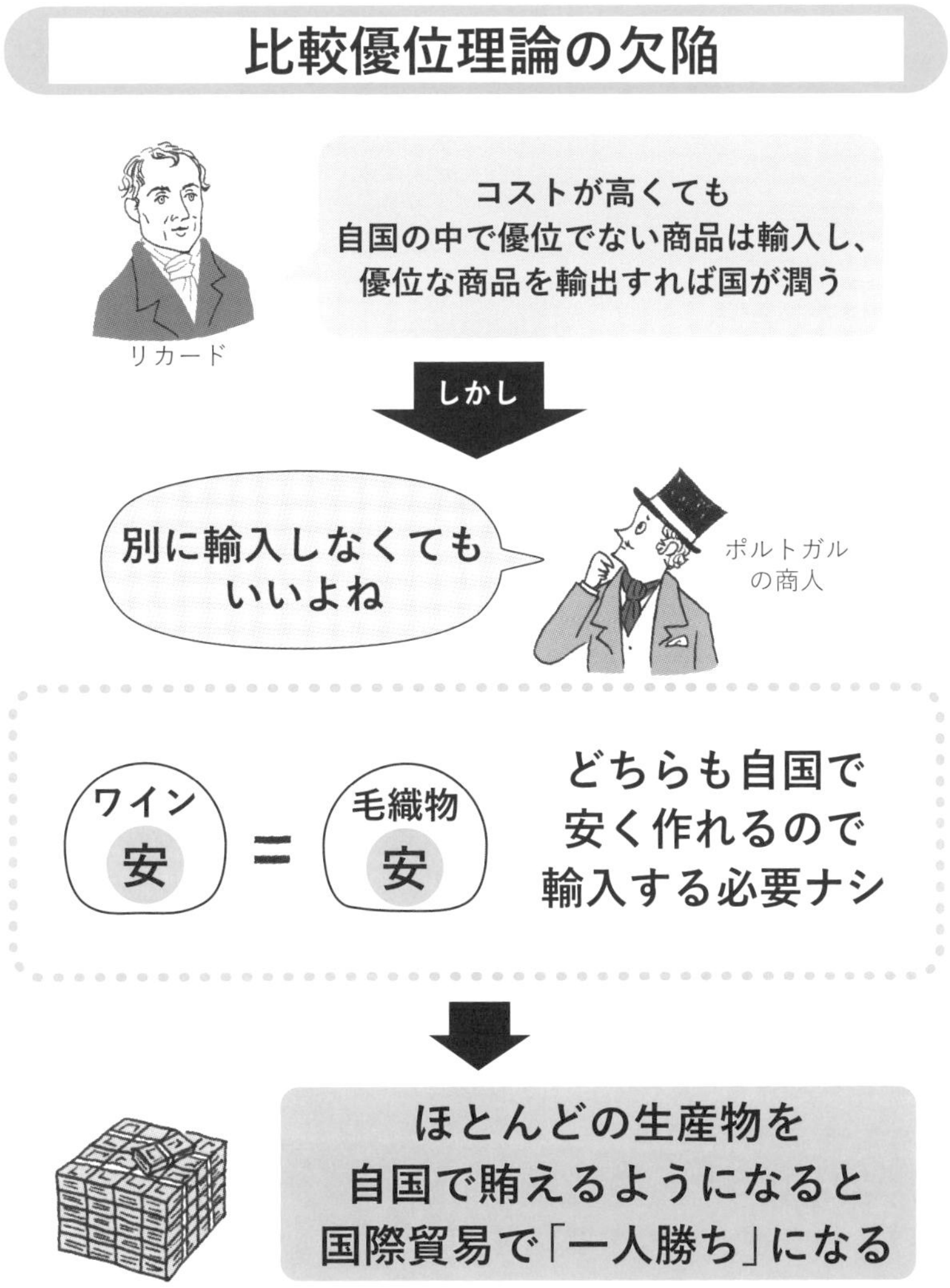
比較優位理論の欠陥
コストが高くても
自国の中で優位でない商品は輸入し、
優位な商品を輸出すれば国が潤う
リカード
しかし
別に輸入しなくても
いいよね
ポルトガル
の商人
ワイン
安
=
毛織物
安
どちらも自国で
安く作れるので
輸入する必要ナシ
ほとんどの生産物を
自国で賄えるようになると
国際貿易で「一人勝ち」になる

まとめ

自国で優位な品を輸出し合うことで国際分業の形をとれるが、あらゆるものを自国で賄える国があると成り立たない

利益を得ることができるというものなのです。

この考え方は、現在も「自由貿易」を基本原則とする国際貿易において、重要なものとなっています。

比較優位理論の欠陥

比較優位理論のキモは、「自国よりもコストが高いものであっても、自国の中で優位ではない商品は輸入し、自国の産業は優位な商品に集中せよ」と言っていることです。いろんな国が自国の優位な産品に集中するという、いわば「国際分業」を提言しているわけです。

しかし、この部分は「比較優位理論」の欠陥でもあります。現実的に言えば、ポルトガルはワインも毛織物もイギリスよりも安く生産できるのであれば、ワインも毛織物もイギリスに輸出することはあっても、輸入することはありません。またイギリスに輸出して得た外貨は、イギリス以外の国から何か自国に有利なものを輸入した方が国は潤うことになります。

あらゆる商品・資源を安く生産できる国があると、国際貿易で「一人勝ち」の状態になり、その国に世界のお金が集まってしまいます。

THE ECONOMIC THEORIES
No.23

シャハトの経済理論1

すべての局面に通用する経済法則などない

ヒャルマール・シャハト（1877-1970）
▶ドイツの経済学者・財政家。ドイツのハイパーインフレを収束させた実績を持つ。

一つの法則を盲信すべからず

戦前の経済学は、二つの学派が激しい論争を繰り広げていました。「経済は自由にするべき」という「自由主義」と、「資本家に支配されないために、経済活動は国家が管理し富はすべて平等にするべき」という「共産主義」です。

富の偏在が激しく貧富の格差が極限に達していた戦前は、共産主義は人類を救う理想的な思想だと考える人も多かった一方で、欧米諸国は「自由な経済」になってから大きく発展したことから、「自由な経済こそ最上だ」という考え方も強い勢力を持っていたのです。

つまり、当時は、「すべてを自由にする」と「すべて管理して平等にする」という二つの両極端な経済理論が、互いに「自分こそが正しい」と主張し合っていたのです。

「経済は生き物である」

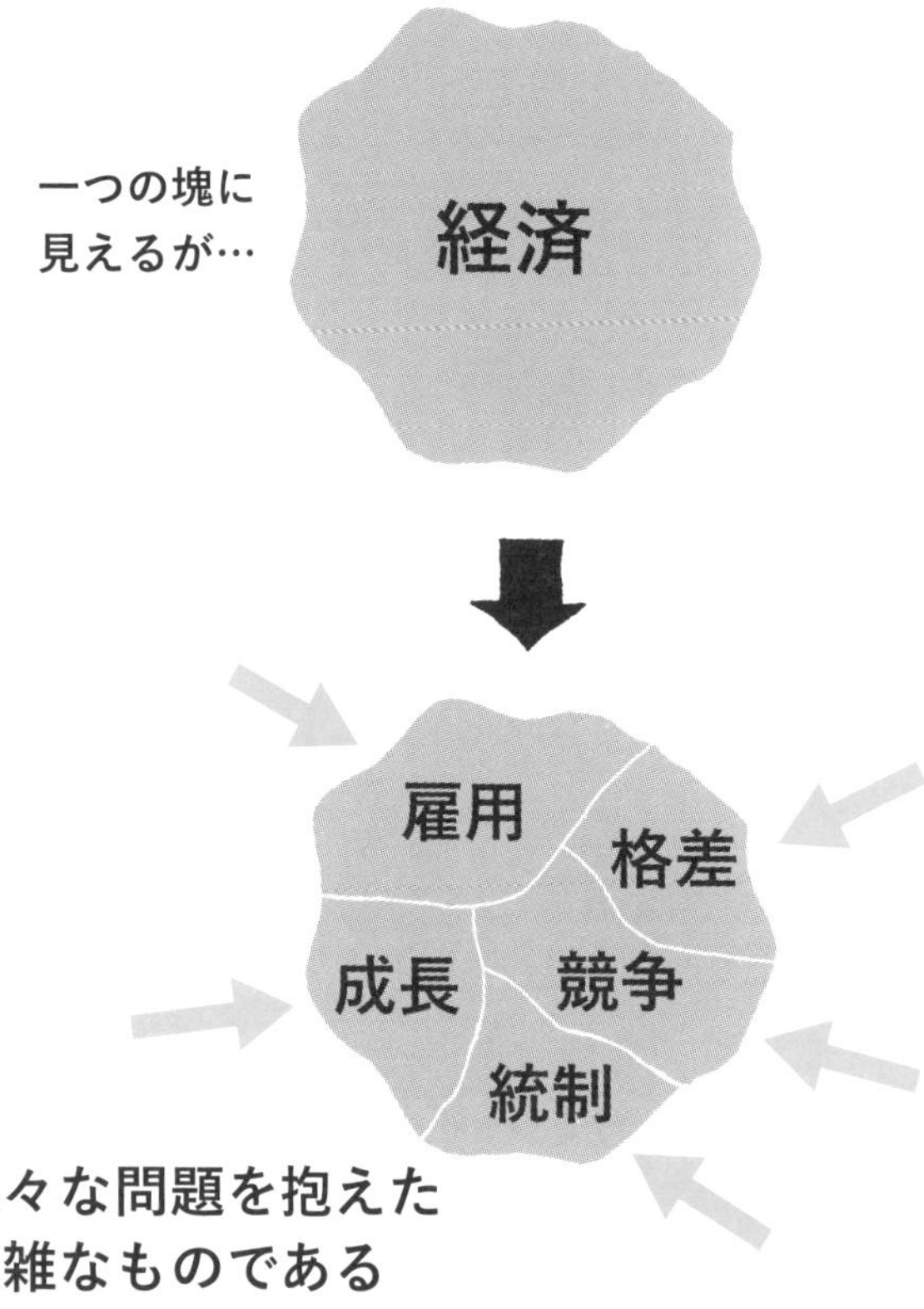
一つの塊に
見えるが…
経済
雇用
格差
成長
競争
統制
様々な問題を抱えた
複雑なものである

どれか一つの法則のみで解決できる経済問題は存在しない

万能な理論は存在しない

経済には、
管理が必要な局面もあるし、
自由放任にしておくべき局面もある

自由主義の競争原理	⟷	格差の是正、規制する分野

資本主義・社会主義の良い面を
それぞれ取り入れた政策をとるべし

「○○だけ行えば経済は良くなる」といった信仰は危険

まとめ

経済は一つの問題を解決するだけではうまくいかない。一つの法則を盲信するといずれ綻びが出る

そういう時代にシャハトは、「自由主義」や「共産主義」のような単純な法則を盲信すべきではないと、次のように警鐘を鳴らしているのです。

「**経済とは生き物であり、経済政策というのは、その時々や、その分野ごとに適切な手を打たなくてはならない。**管理が必要な局面もあるし、自由放任にしておくべき局面もある」

シャハトの言うとおりになった戦後の世界経済

戦後の世界経済は、自由主義と共産主義のいいところ取りのような方向に動きます。

自由主義の競争原理で経済発展を促しつつも、社会保障や累進課税などで貧富の差を修正し、また野放しにしていてはダメな分野、たとえば公害や環境問題に関する分野などでは規制を加えるというように、です。

これは戦前・戦後を通じて、各国が様々な経済政策を試行錯誤していく中で見つけた方法です。現在でも「単純な経済法則」を信仰する人たちはかなりいますが、特定の経済法則を盲信するのではなく、経済の動きを見ながら適切な手を打っていかなければならないのです。

THE ECONOMIC THEORIES
No.24

シャハトの経済理論2

経済に一人勝ちはあり得ない

国際貿易で一人勝ちでも国は豊かにならない

戦後、シャハトは国際貿易に関して、次のようなことを述べています。

「一つの国が、長い時間、輸出ばかりを続けることができると思うのは間違いである。他国の商品を買い、自国と同じ程度に発展させなければ、自国だけ経済的発展を持続することは不可能である」

つまりは、「国際貿易において一人勝ちはあり得ない」ということです。

我々は、貿易収支が黒字になった（輸入より輸出の方が多かった）と聞けば、何か自国が潤っているように受け取ってしまいます。

しかし、貿易黒字ということは、外貨は増えますが自国の財は減ります。また、貿易黒字に

貿易の一人勝ちは良いことか？
国際貿易において
黒字ばかり続けている国は
真に豊かにはなれない
シャハト
外貨獲得
儲かっているように見えるが…
・自国の財の流出
・国内物価の上昇
黒字を貯め込むだけでは豊かにならない

まとめ

貿易で一人勝ちして外貨ばかり獲得しても、国内経済が良くなるとは限らない

シャハトの失業対策

第一次世界大戦後

ドイツのハイパーインフレを収束させたシャハト

シャハト

「レンテンマルクの奇跡」

政策①
インフレにならない程度に国債を発行

政策②
アウトバーン（高速道路）の建設

大がかりな財政出動によってドイツの失業率を大きく改善

ケインズも貿易黒字拡大や財政出動の理論を提唱した

ケインズ

なって外貨が増え、それが自国通貨に交換されれば物価が上がります。つまり**貿易黒字というのは、単に国家全体の財が減り、国の物価を上げているだけです。**黒字で抱えた外貨を使用しなければ、国は豊かにならないのです。

　これと同じようなことを、かのケインズも述べています。

失業こそが悪

　シャハトは「失業こそ悪」という考え方も持っていました。これは経済理論というより、シャハトの信念と言った方がいいかもしれません。

　シャハトはナチス時代のドイツで、赤字国債を発行して公共事業を行うなどの政策を採り、失業者を救済しました。第一次世界大戦後、慢性的な失業問題に悩まされてきたドイツで銀行家をしていたシャハトは、失業というものの弊害を嫌というほど知っていたのでしょう。

　経済政策というのは、本来「路頭に迷う人をなくす」ことを目的とするはずです。しかし昨今では「経済成長こそが善」だとして、経済成長のために失業を増やしてしまう経済政策が施されることもあります。これでは本末転倒です。

THE ECONOMIC THEORIES
No.25

渋沢栄一の道徳経済合一説

商売と公益は一致していなければならない

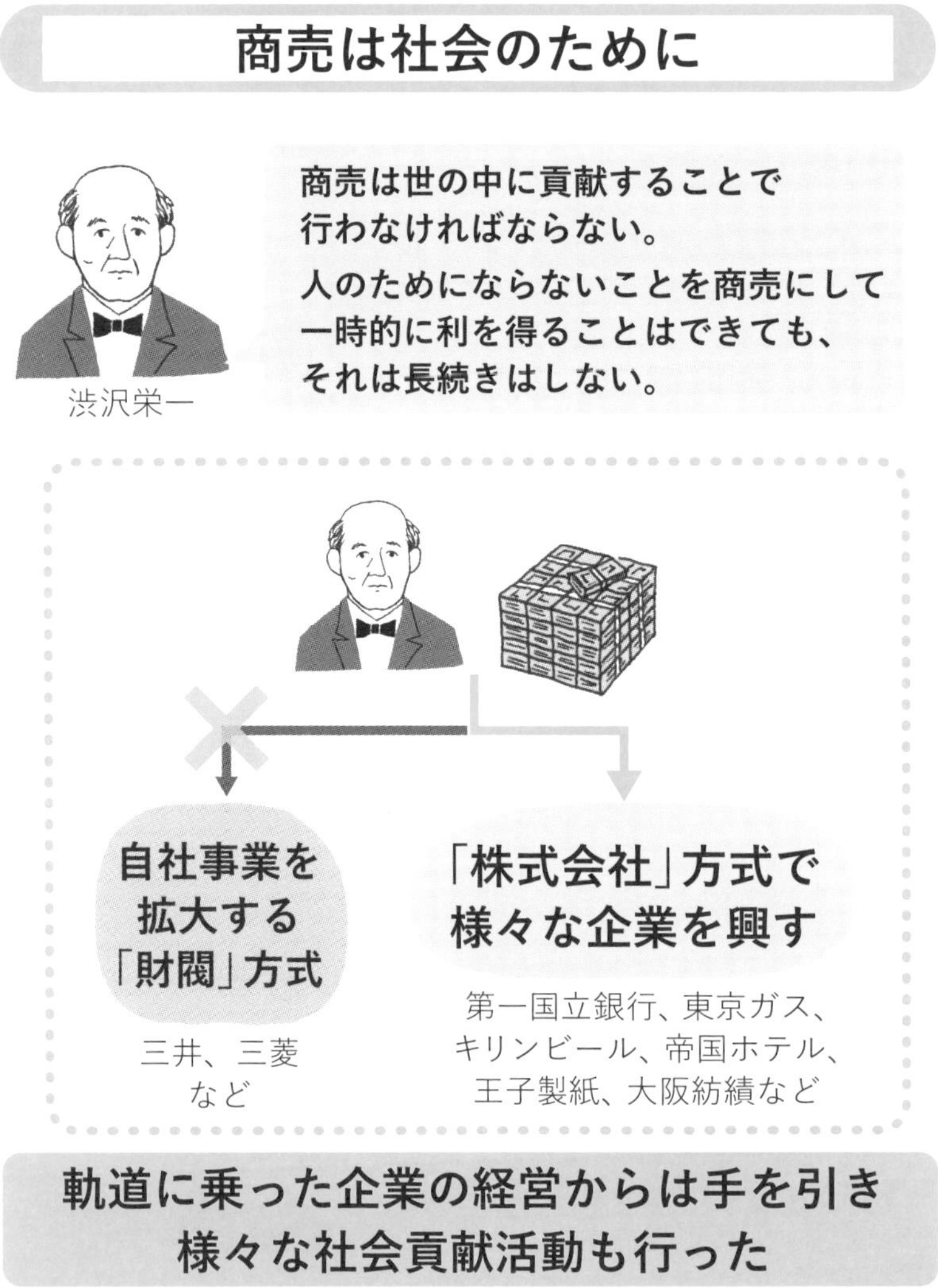
商売は社会のために
商売は世の中に貢献することで行わなければならない。
人のためにならないことを商売にして一時的に利を得ることはできても、それは長続きはしない。
渋沢栄一
自社事業を拡大する「財閥」方式
三井、三菱など
「株式会社」方式で様々な企業を興す
第一国立銀行、東京ガス、キリンビール、帝国ホテル、王子製紙、大阪紡績など
軌道に乗った企業の経営からは手を引き様々な社会貢献活動も行った

商売で世の中に貢献する

渋沢栄一は500社に及ぶ企業の創設に関与し、「日本資本主義の父」とも呼ばれる人物です。明治維新によってそれまでの身分制度が壊され、国民が自分の才覚で食べていかなければならなくなりました。その混乱期、ずる賢く振る舞う商人たちに批判の目が向けられ、「人々が私利ばかりを追求していいのか」という疑問を持つ人もたくさんいました。

その疑問にこたえる形で、渋沢栄一は、私利を追求することは決して悪いことではないが、世の中のためになることで商売をしなくてはならない、と主張しているのです。また**「多くの富を得た人間には、社会的な責任がある」**とも述べています。実際に、渋沢は様々な社会貢献活動もしています。

渋沢栄一
(1840-1931)
▶日本の実業家。欧州の視察で「株式会社」制度を学び、日本に持ち込んだ。

まとめ

商売は私利ばかり追求してはならず、富を得た人間は社会に貢献しなければならない

渋沢栄一が持ち込んだ「会社」
旧来の商売
旦那
家族経営がほとんど
経営規模に限界がある
「会社」の仕組み
出資者から出資を受けて経営を行う
多くの出資者がいれば大規模な事業にも取り組める
経営者
国の関与を受けず自由競争や創意工夫をして、産業が発展していく

「会社」を日本に持ち込んだ

渋沢栄一は青年期に一橋家に取り立てられ、一橋慶喜が将軍職についたことで一気に幕府の要人になります。そして慶応3（1867）年、フランスに行くことになりました。

渋沢は、訪欧中に「会社」と出会います。西欧では、**人々が金を出しあって事業を興し、出資者から委託された経営者がその事業を経営する**。また、国はなるべく商活動に関与せず、会社は原則として自由に商活動ができました。事業者たちが勝手に競争したり、創意工夫をしているうちに産業が発展していくのです。

そこで渋沢は明治4（1871）年9月に、「会社」というものの功利を説き、その設立の手順を紹介するという内容の書籍を刊行します。

渋沢は、儲かったお金をほかの事業につぎ込んで自分の事業を拡大していく「財閥《ざいばつ》方式」ではなく、日本中の資産家に呼び掛けて資金を調達し、新しい企業を設立するという方法を採りました。自分が紹介した会社というものの概念を、世間に実際に提示して見せたのです。また、三井、三菱のように政府にべったりの立場は取らず、政府とは適度な距離を保っていました。

THE ECONOMIC THEORIES
No.26

シュンペーターの経済理論

好景気は技術革新によってもたらされる

シュンペーターの「景気の波」

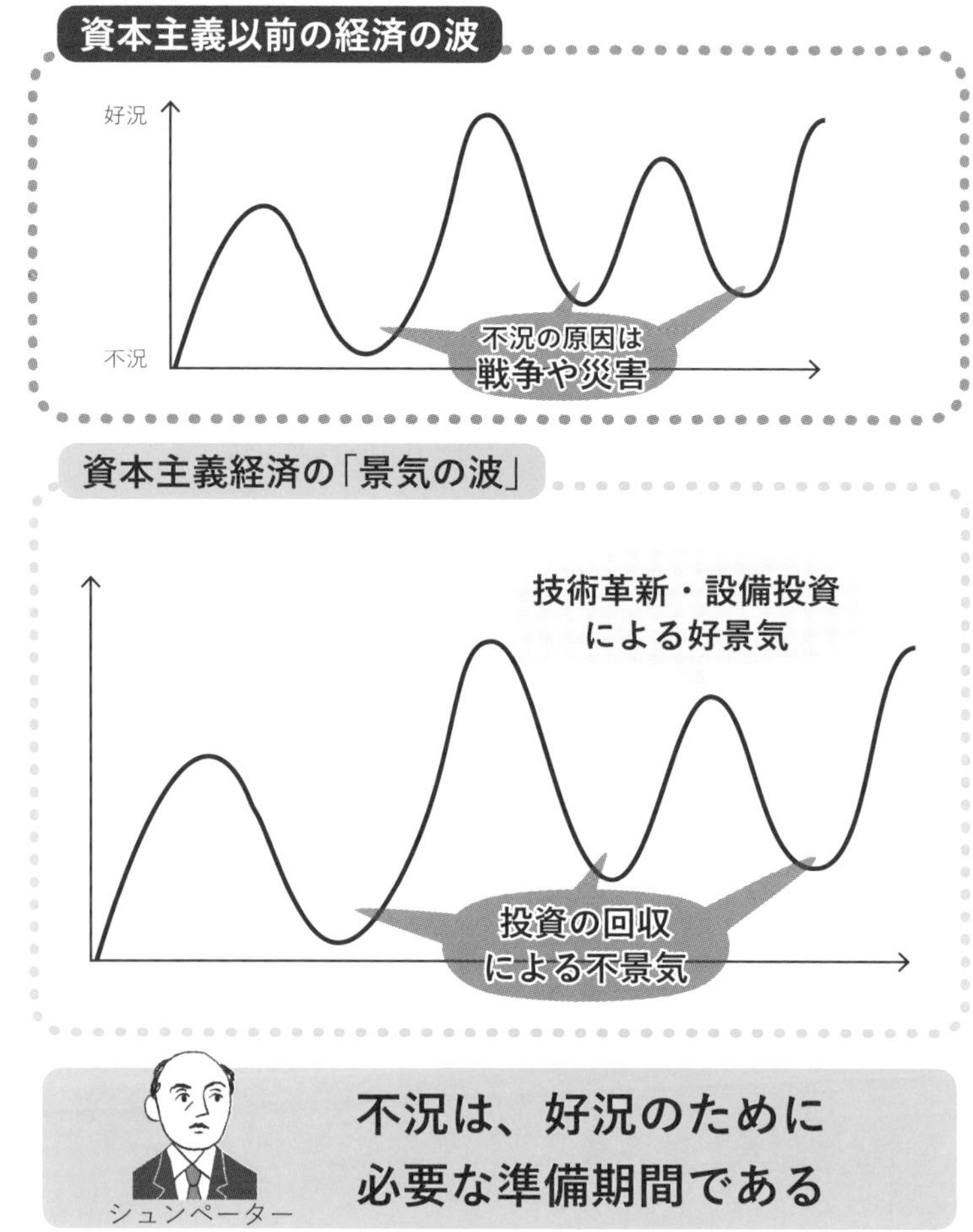
資本主義以前の経済の波
好況
不況
不況の原因は
戦争や災害
資本主義経済の「景気の波」
技術革新・設備投資
による好景気
投資の回収
による不景気
不況は、好況のために
必要な準備期間である
シュンペーター

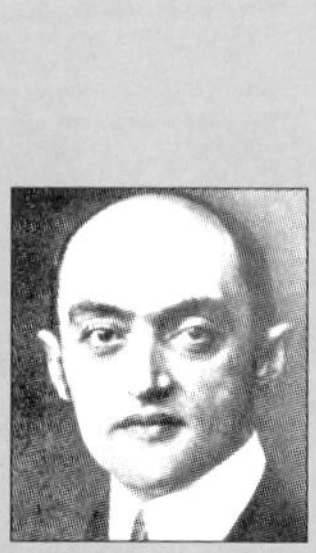

ヨーゼフ・シュンペーター（1883-1950）
▶現在のチェコに生まれた経済学者。技術革新と投資が好景気を生むと唱えた。

景気の波が表れる

資本主義経済が発展していくと、一定期間おきに景気が良くなったり、悪くなったりする「景気の波」というものが表れてきました。

資本主義経済が未発達のときは、このような現象は確認できませんでした。戦争や災害などで社会がダメージを受けたならともかく、それがないのに経済が悪くなるという現象は、経済が発展した後に見られるようになったことです。

学者たちがこの「景気の波」を解明すべく立てた仮説の中で、もっとも有名なものが、「ヨーゼフ・シュンペーターが唱えた**「技術革新による景気の波」**です。

シュンペーターは戦争や自然災害での不況の存在を認めつつも、基本的には**景気循環は「技術革新による好景気」と「その好景気の調整期**

まとめ

「不況は次に景気が良くなるために必要な期間で技術革新が好景気をもたらす」と述べたが、不況を軽視しすぎていた

「技術革新の信奉者」だった？

技術革新こそが経済成長や好景気をもたらすものである。

①新しい商品の開発
②新しい生産方法の開発
③新しい市場の開拓
④資源の開拓
⑤新しい組織形態の開発

聞こえはいいが、「不況」を軽視しており評価は高くない

「技術革新」に経済のすべてを結び付けると現実にそぐわなくなる

間としての不景気」によるものだとしました。

シュンペーターは、「技術革新の信奉者」ともいえるほど技術革新を重要視していました。

その一方で、シュンペーターは他の経済学者が重要問題としていた「不況」については軽視していました。「不況は好況のための準備期間であり、好景気をもたらすためには不況も必要」とまで述べています。

不況への考えが甘かった

ところが、1929年に、シュンペーターの評価を大きく下げる世界的大事件が起きます。「世界大恐慌」です。世界大恐慌の惨状を見たときに、「不況は好況の準備期間」などというシュンペーターの経済理論は、まったく意味をなしませんでした。

シュンペーターと同時期の経済学者ケインズが不況に対する政策を講じたのと違って（P48参照）、シュンペーターは、「好況のためには不況は必要」などとし、不況を解消する方法などはまったく提示していませんでした。シュンペーターがケインズに比べてまったく有名ではないのは、このためでもあります。

今の世界はどのような金融システムで回っているのでしょうか。現代経済の現実と課題が見えてきます。

第5章

現代世界を動かす経済理論

THE ECONOMIC THEORIES
No.27

お金をつくりだす根本理論とは？

ゴールドスミス・ノート理論

ゴールドスミスが気付いた仕組み

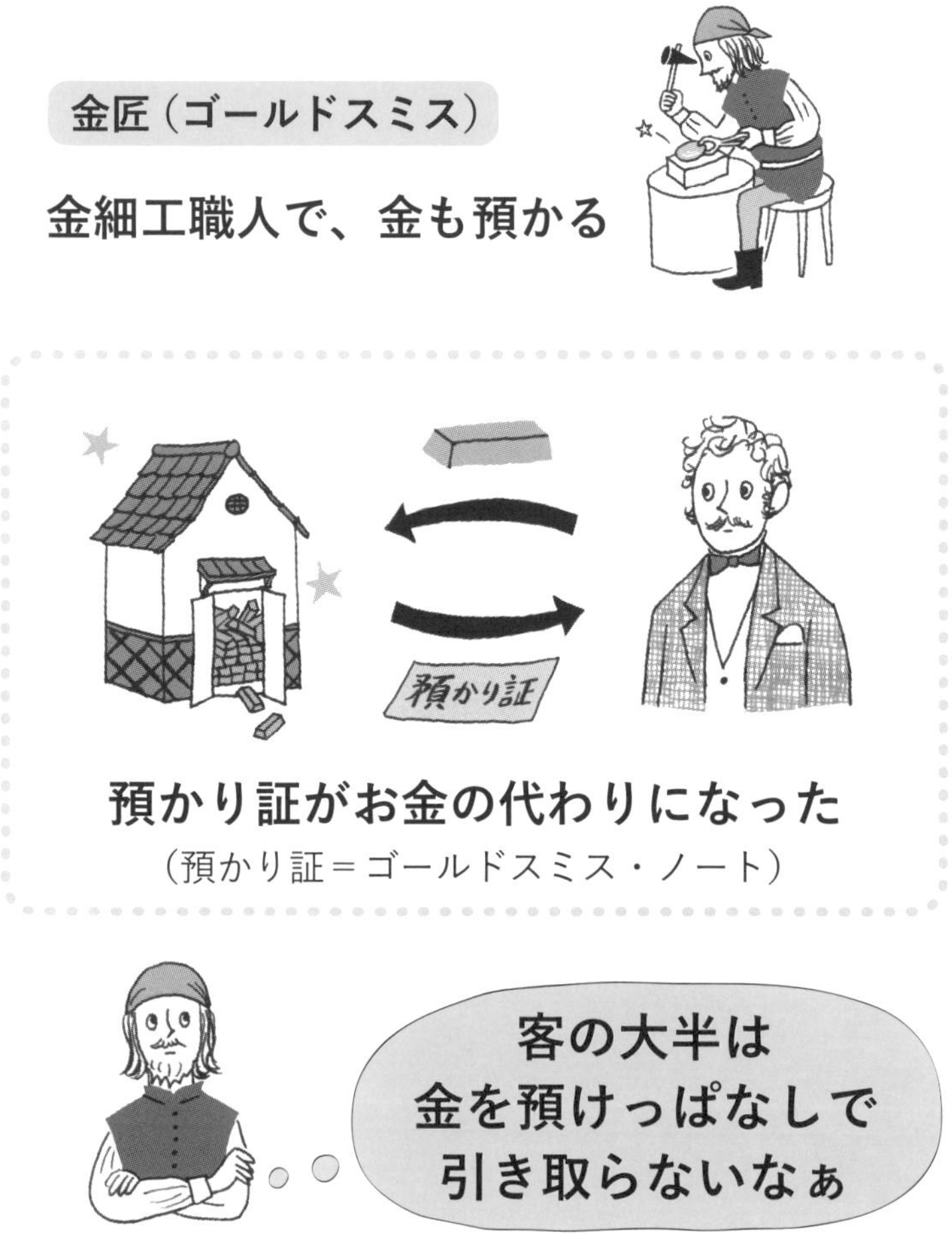
金匠（ゴールドスミス）
金細工職人で、金も預かる
預かり証
預かり証がお金の代わりになった
（預かり証＝ゴールドスミス・ノート）
客の大半は
金を預けっぱなしで
引き取らないなぁ

中世ヨーロッパの悪徳商人が考え出した

現代の銀行がお金を作り出し、融資する仕組みというのは、実は何百年も前のヨーロッパの商人が考え出したものなのです。

17世紀のヨーロッパには、金匠（ゴールドスミス）と呼ばれる職業の人がいました。金を加工して様々なアクセサリーを作ったり、そのために必要な金を預かったりする仕事です。

そのうち金匠は、顧客から金を預かるときに「預かり証」を発行するようになりました。金の預かり証は、金匠のところに持っていけば金と交換してくれます。そのため、**次第に「金の預かり証」を通貨の代わりに差し出して、売買が行われるようになっていった**のです。

そして、ある金匠が、金の「預かり証」に関

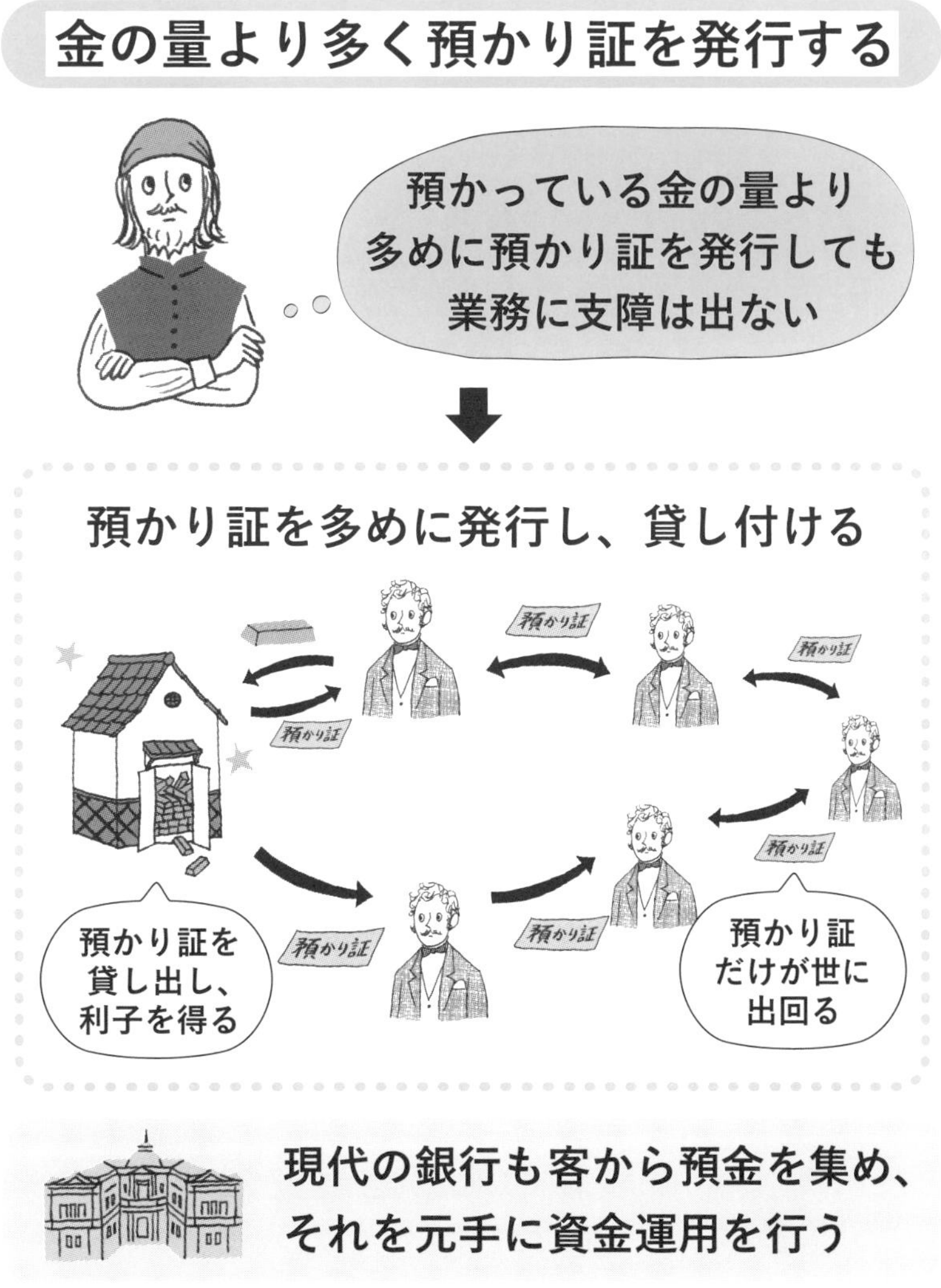

金の量より多く預かり証を発行する
預かっている金の量より
多めに預かり証を発行しても
業務に支障は出ない
預かり証を多めに発行し、貸し付ける
預かり証
預かり証
預かり証
預かり証
預かり証
預かり証
預かり証を
貸し出し、
利子を得る
預かり証
だけが世に
出回る
現代の銀行も客から預金を集め、
それを元手に資金運用を行う

まとめ

所有している金よりも多くの「金との交換券」を発行し貸し出すことで利子を得るという商売が、現在の銀行のルーツ

して、大きな発見をしました。

「金を預けている客の大半は、金を預けっぱなしにしている。一部の客しか金の引き換えには来ないのだから、保管している金よりも多くの預かり証を発行できるのではないか？」

この金匠は、**預かった金の何倍かの預かり証を発行し、それを人々に貸し出し、利子を得るという商売を始めました**。それが、現在の「紙幣（銀行券）」の始まりなのです。

世界中の銀行で使われるシステムに

この金匠の半ば詐欺的な商売の仕組みは、現在でも、世界中の銀行の根本のシステムになっています。保有している金、銀の何倍もの預かり証を発行し、それを通貨として流通させたのです。だから、世界の通貨のほとんどは、「銀行券」という名称になっているのです。

現在は、世界の中央銀行は金銀との交換保証をしていません。しかし、顧客から集めた預貯金を準備金として、その何倍もの紙幣を中央銀行から借り入れてそれを貸し出すという根本的な仕組みは変わっていないのです。

THE ECONOMIC THEORIES No.28

不換紙幣システム

なぜ現代の紙幣は貴金属との兌換をしなくなった？

リチャード・ニクソン（1913-1994）
▶第37代アメリカ大統領。在任中にドルと金の交換を停止すると宣言した。

お金が持つ信用
預かり証
「預かり証」自体は
ただの紙切れ
預かり証
「金と交換できる」
ことで信用が生まれた
1971年　アメリカ
今後、ドルと金の
交換を停止する！
ニクソン大統領
長らく続いた金本位制をやめた
現在の紙幣は貴金属と
交換できなくなった

金が枯渇してしまう！

前項でご紹介しましたが、現代のお金と金の預かり証では大きく違う部分があります。それは、「現在の世界中の通貨のほとんどは貴金属の交換を保証していない」ということです。

約50年前までは、**金そのものか金の兌《だ》換券《かんけん》を通貨として流通させる「金本位制」**がスタンダードとなっていました。しかし、今から約50年前に「アメリカ・ドルは金との交換に応じない」という声明が発表されました。ニクソン・ショックです。これにより、世界中の紙幣は貴金属との保証関係がなくなったのです。

当時のアメリカは第一次世界大戦から第二次世界大戦にかけて経済一人勝ちの状態が続いており、世界中の金の7割を保有していました。一方、世界中の国々は、もはや金本位制を維持

ドルと交換できる金が枯渇する

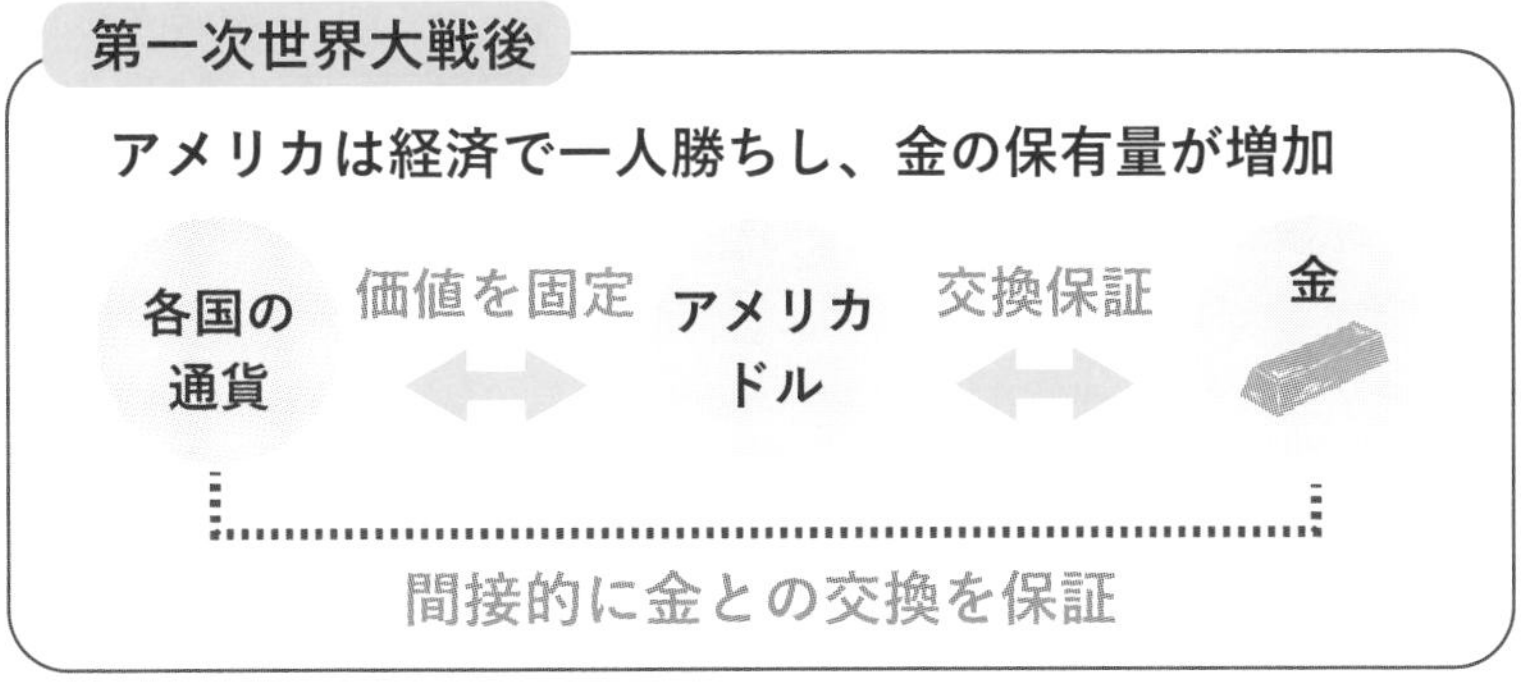
第一次世界大戦後
アメリカは経済で一人勝ちし、金の保有量が増加
各国の通貨
価値を固定
アメリカドル
交換保証
金
間接的に金との交換を保証

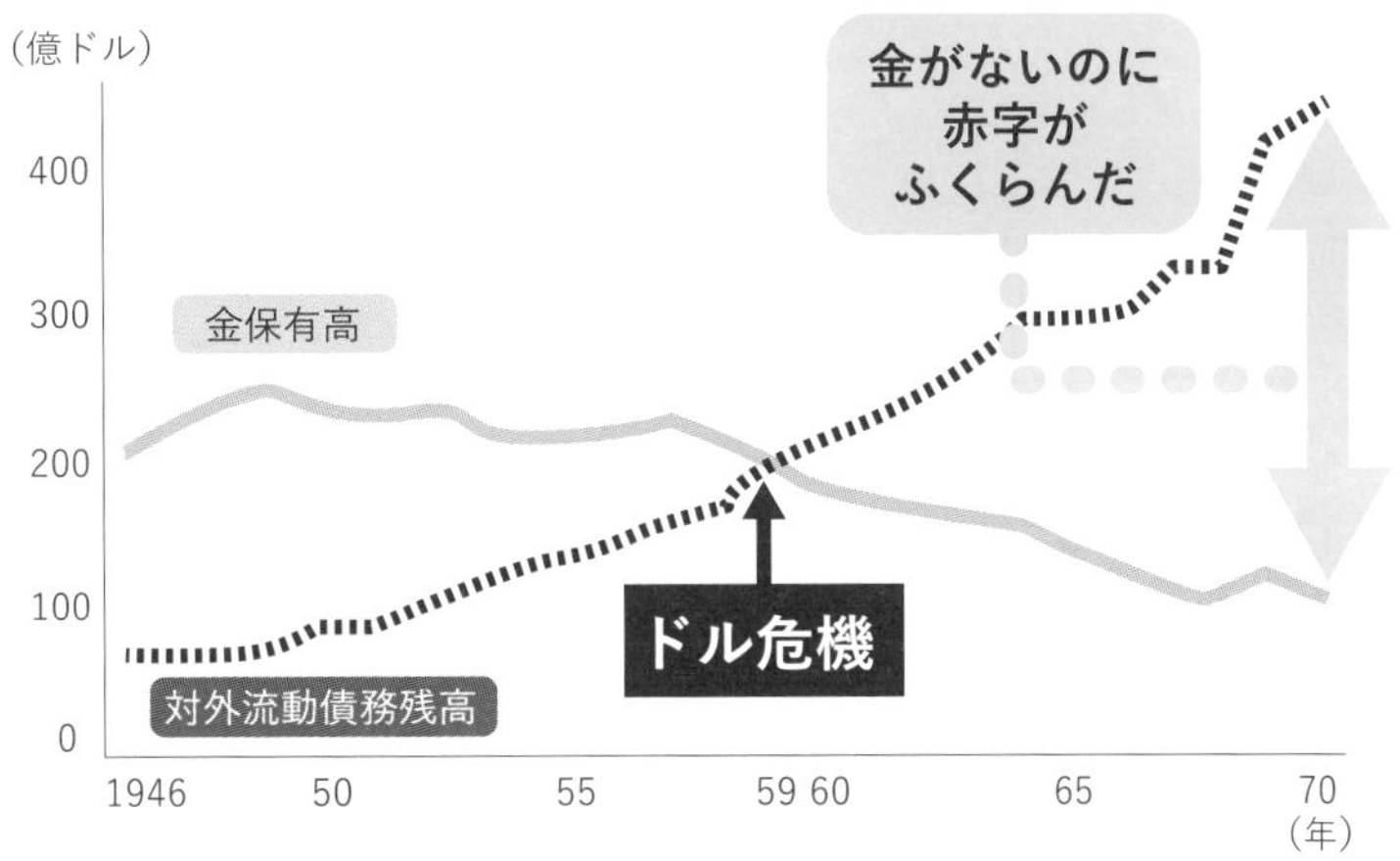
（億ドル）
400
300
200
100
0
1946
50
55
59 60
65
70
（年）
金保有高
対外流動債務残高
金がないのに赤字がふくらんだ
ドル危機

ニクソン
このままでは金が枯渇してしまう

できるほどの金を保有していませんでした。

そこでアメリカがドルと金の交換を保証し、各国はアメリカ・ドルに対する自国通貨の価値を固定することで、間接的に金の交換を保証することにしたのです。

しかし戦後のアメリカ経済に陰りが見えはじめ、輸出が減り輸入が増えました。代金としてアメリカ・ドルを受け取った各国が、それを金に換えたため、アメリカの金は瞬く間に流出してしまったのです。

「このままでは金が枯渇してしまう」という状態に追い込まれたアメリカのニクソン大統領が、1971年にドルと金の交換の停止を発表。そのため世界中の多くの国々の通貨は、金との結びつきがなくなったのです。

しかし、大した混乱もなくドルや世界中の国の通貨はそのまま使い続けられました。各国の通貨はすでに社会にすっかり浸透しており、しかも国家が発行しているということで信用されたのでしょう。

また世界各国は、通貨と金との兌換をしなくなったとはいえ、自国の通貨の信用を守るために、中央銀行が外貨や純金を大量に準備しています。

まとめ

金が枯渇してしまうために金とドルの交換は停止されたが、「通貨」は信用を得ていたためそのまま社会で使われた

THE ECONOMIC THEORIES
No.29

現代の基本金融システム

我々は拡大再生産を義務付けられている？

お金はどこから出てきている？

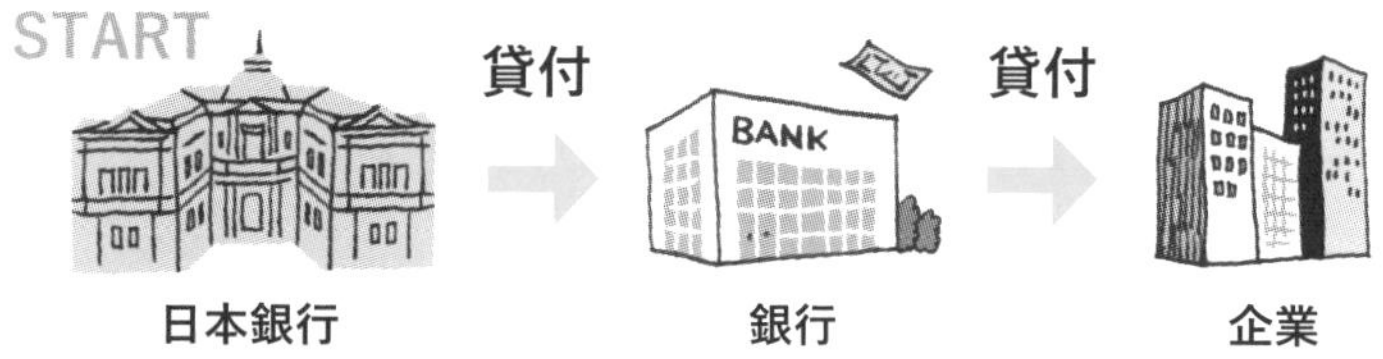

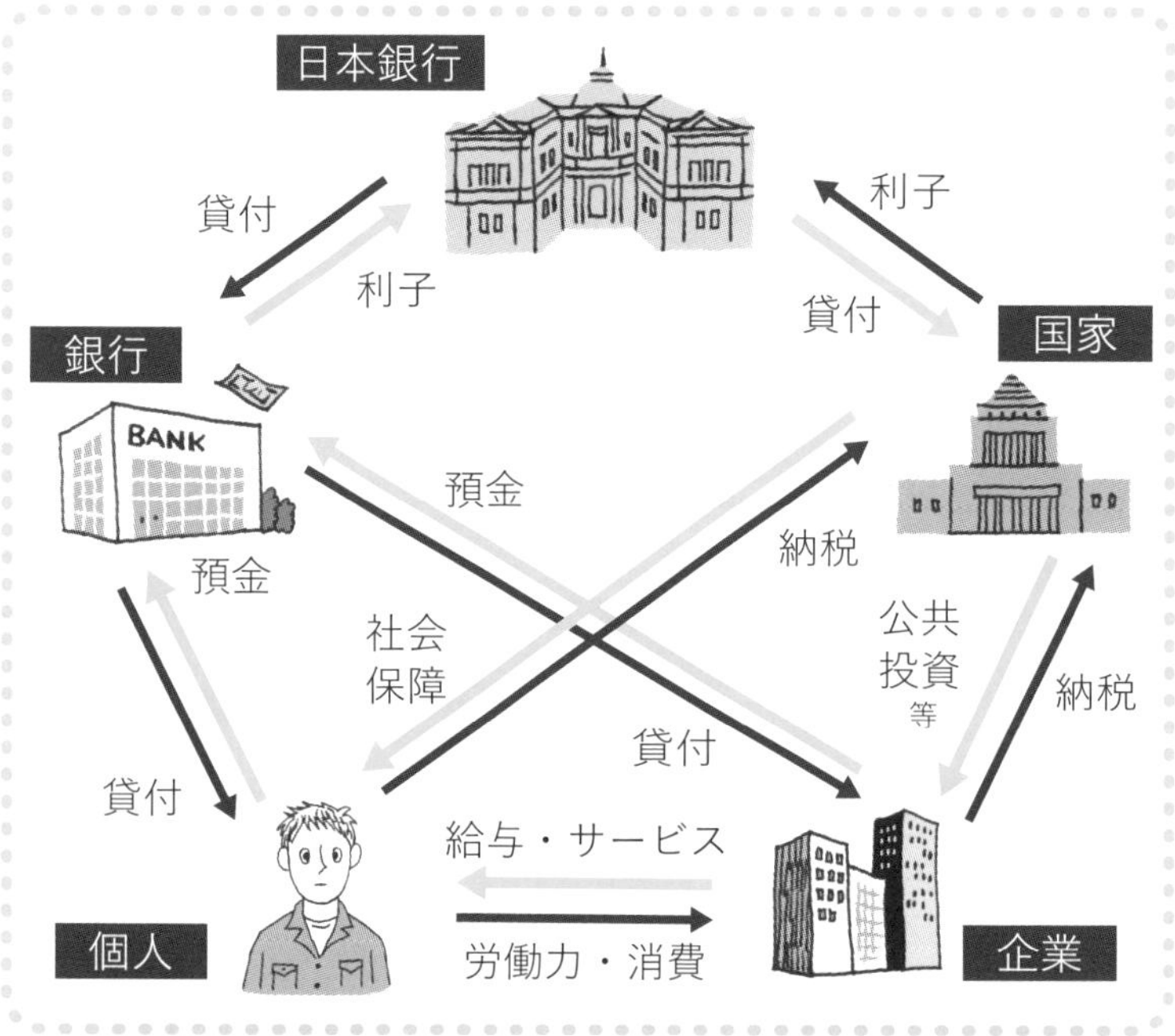

現代の経済は「誰かの借金」で回っている

経済は借金で回っている？

あなたは、お金というものがどうやって社会に流れてくるのかご存知でしょうか？

答えは「借金」です。**企業や国などが、銀行からお金を借りることによって、お金は社会に回る**のです。日本銀行が発行した紙幣は、貸し出しという形で一般の銀行に放出されます。そして、日本銀行からお金を調達した一般の銀行も、貸し出しという形で企業などに流すのです。

そして驚くべきことに、お金が社会に出るためのルートはこれ一本しかないのです。日本銀行が印刷した紙幣を政府が勝手に使うことはできません。政府がお金を使う場合は、税金として徴収するか国債を発行するかしかないのです。

社会で使われているどんなお金も、元をたどれば、誰かの借金なのです。

まとめ

国内のお金は誰かが借金をすることで回っており、この社会は常にお金を増やさないといけない

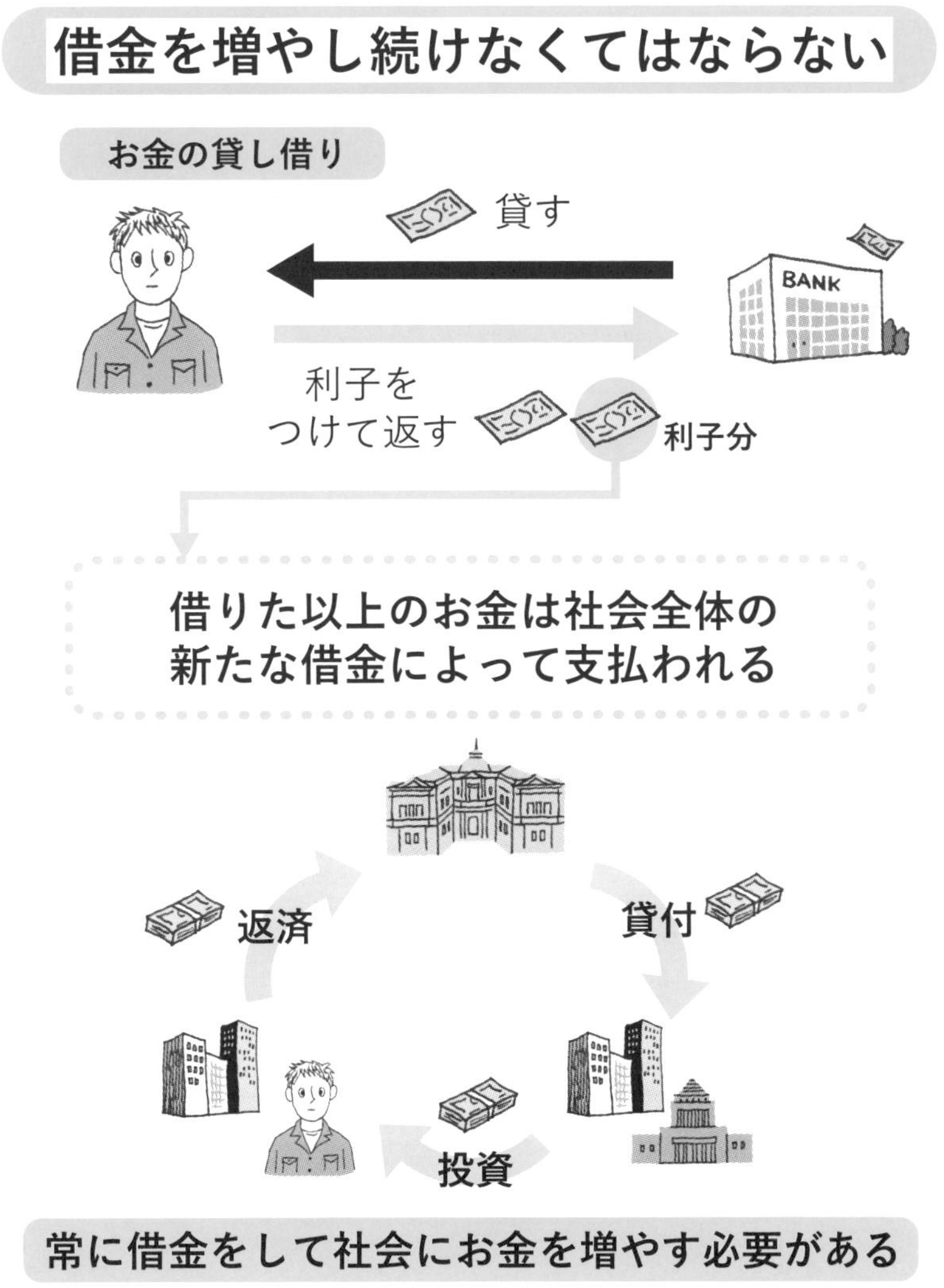
借金を増やし続けなくてはならない
お金の貸し借り
貸す
BANK
利子をつけて返す
利子分
借りた以上のお金は社会全体の新たな借金によって支払われる
貸付
投資
返済
常に借金をして社会にお金を増やす必要がある

借金とは、いずれ「利子をつけて」借りた以上のお金を返さなくてはならないものです。**それでも社会が破綻しないのは、誰かが新たに借金をするからです。**逆に言えば、新たに借金をする人が出てこなければ、今のお金の仕組みは成り立ちません。社会全体が銀行から借りるお金が増えなかったり、減ったりすれば、社会に流れるお金が減ってしまうはずです。

我々は「拡大再生産」を義務付けられている

社会が借金を全部、銀行に返してしまったり、社会全体が新たに借りるお金より返済するお金の方が多くなれば、お金の流れが悪くなり、景気が悪化します。

日本ではバブル崩壊以降、企業がなるべく設備投資を減らし、借金を返す努力をした結果、日本は、深刻な不況に陥りました。ということは、我々は常に「借金を増やし続けなければならない」のです。環境破壊が進み大量消費に対して疑問がもたれるこの時代ですが、今のお金のシステムは「拡大再生産」を続けていかなければ、成り立っていかないのです。

THE ECONOMIC THEORIES
No.30

マネタリズム理論

世界に貧富の格差をもたらした⁉

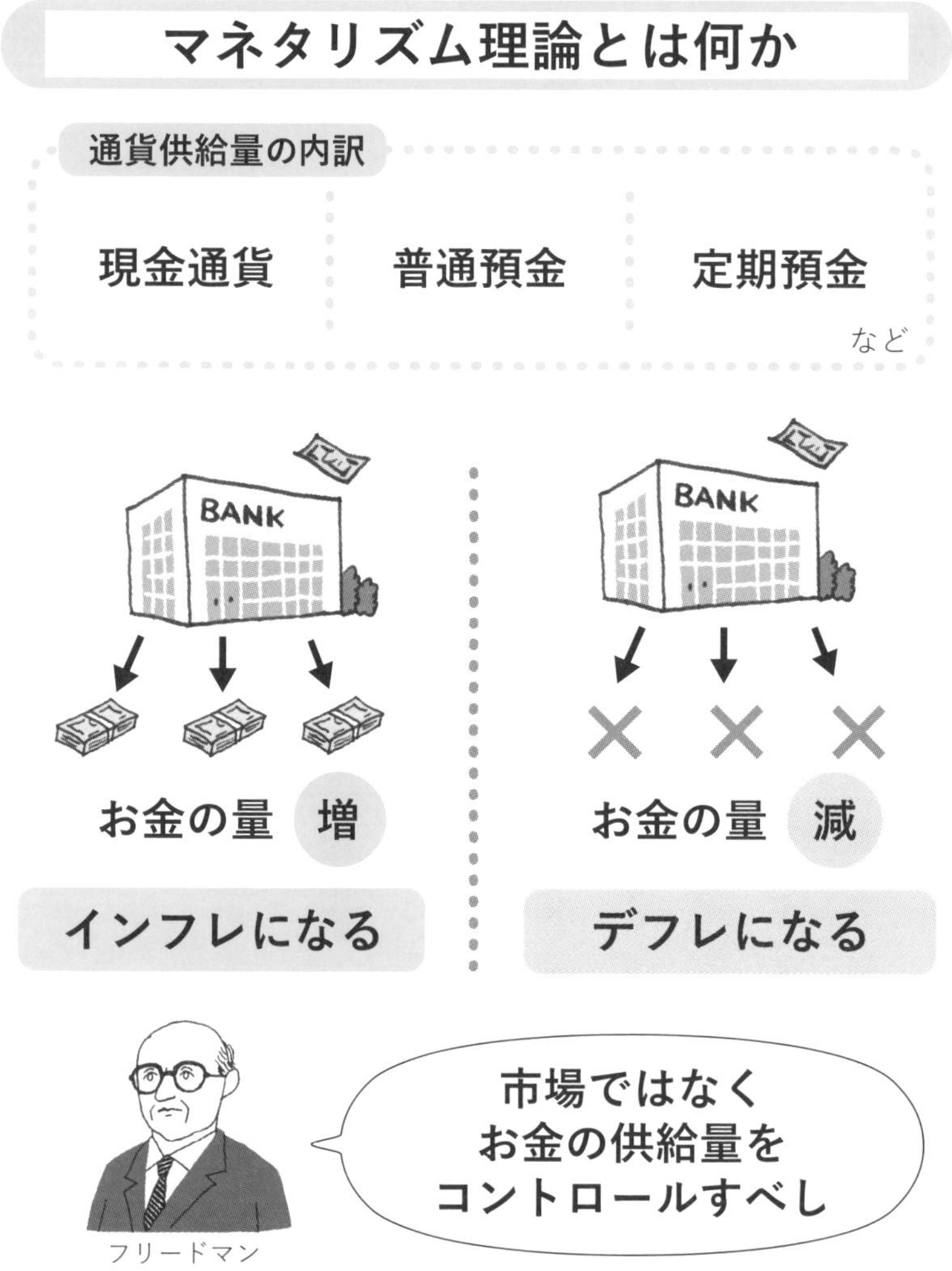
マネタリズム理論とは何か
通貨供給量の内訳
現金通貨
普通預金
定期預金
など
BANK
BANK
お金の量 増
お金の量 減
インフレになる
デフレになる
市場ではなく
お金の供給量を
コントロールすべし
フリードマン

経済はすべて自由にすべき

マネタリズムというのは、**「国はインフレやデフレが起きないように通貨の供給量のコントロールだけをしていればよく、国の経済は市場に自由にさせておく」**という経済理論です。

１９８０年代、アメリカのレーガン大統領は、この理論を実践し、金融市場の規制を大幅に緩和しました。アメリカの金融市場は活況を呈し、景気はたちまち回復したのです。アメリカのみならず、イギリスなど先進国の多くでこのマネタリズムの考え方が採り入れられました。日本は90年代後半に「金融ビッグバン」という大規模な金融緩和を行いましたが、これもマネタリズムの影響によるものなのです。

マネタリズムを提唱したミルトン・フリードマンは「景気の回復は財政出動ではなく、金融

ミルトン・フリードマン（1912-2006）
▶アメリカの経済学者。1976年にノーベル経済学賞を受賞。「新自由主義」を提唱。

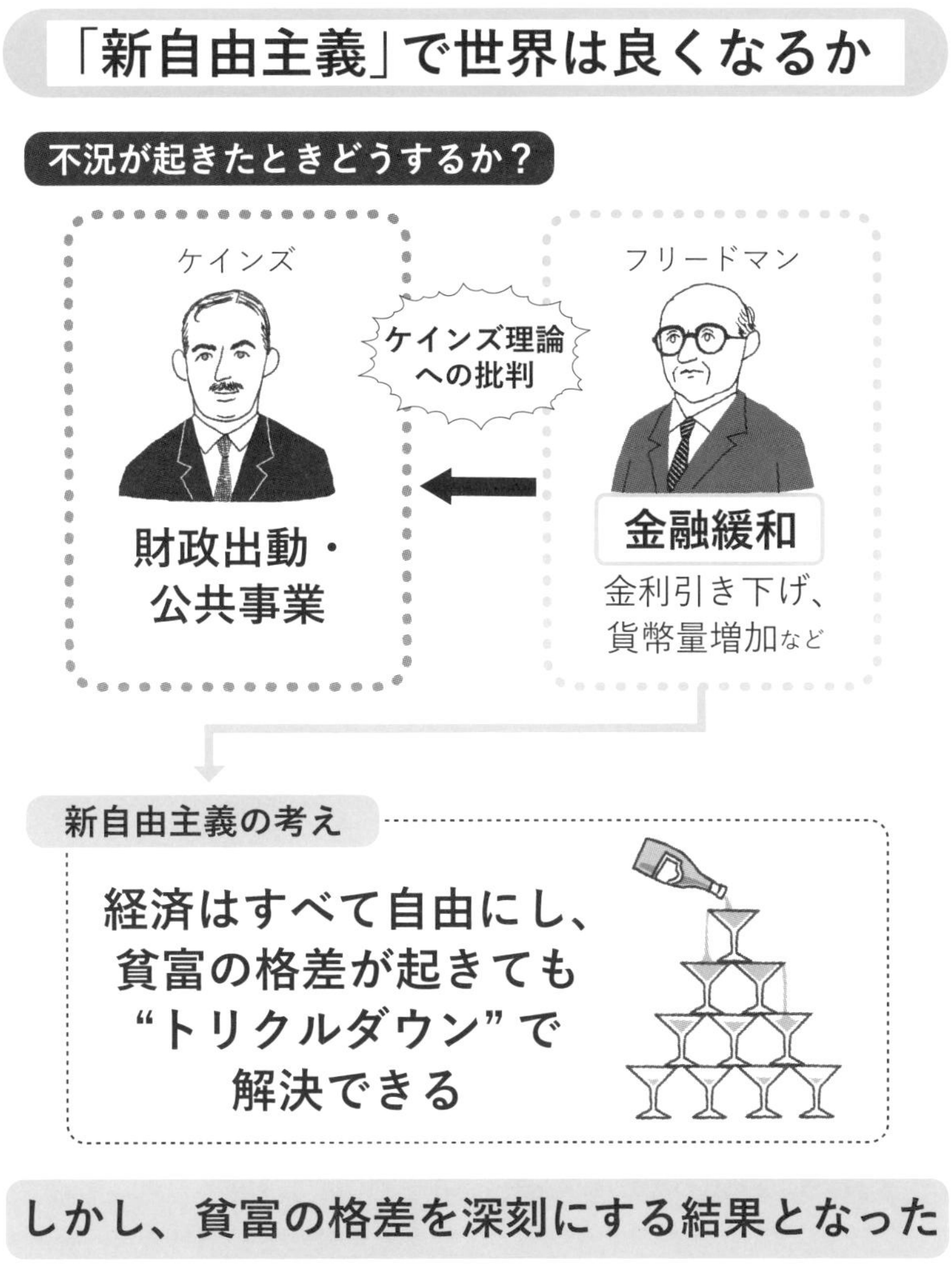
「新自由主義」で世界は良くなるか
不況が起きたときどうするか？
ケインズ
財政出動・
公共事業
ケインズ理論
への批判
フリードマン
金融緩和
金利引き下げ、
貨幣量増加など
新自由主義の考え
経済はすべて自由にし、
貧富の格差が起きても
“トリクルダウン”で
解決できる
しかし、貧富の格差を深刻にする結果となった

まとめ

国は金融緩和などで通貨の供給量をコントロールするだけでよく、市場は自由にさせるべきという新自由主義の考え方

緩和によって実現できる」という経済理論を主張するようになります。これはケインズの経済理論のアンチテーゼでもあり、フリードマンのマネタリズムは、「**新自由主義**」と呼ばれる新しい経済理論の基本的な考え方でした。「貧富の格差が起こっても、金持ちが潤えばそのしずくがやがて貧困層にも行き渡り社会全体が豊かになる」というトリクルダウンの考え方も特徴的です。

東西冷戦の終結がきっかけ

マネタリズムが80年代以降に大流行したのは、ソ連と東欧の共産主義国家が次々と崩壊したことも影響しています。これを見て自由主義陣営の国々は「自由主義こそがもっとも素晴らしい経済理論だ」と思うようになったのです。

しかし、もともと共産主義というのは、格差や失業といった自由主義経済の欠陥をただすために起こった思想です。共産主義というシステムはそれらの問題の解決策としては失敗しましたが、世界経済の大きな難問は依然残っています。ただ経済を自由にしていれば、それらの問題が自動的に解決するわけではないのです。

THE ECONOMIC THEORIES
No.31

MMT 現代貨幣理論1

政府は財政赤字を気にしなくてもいい!?

ランダル・レイ
(1953-)
▶アメリカの経済学者。「ポスト・ケインジアン」の代表的研究者の一人でMMTを唱えた。

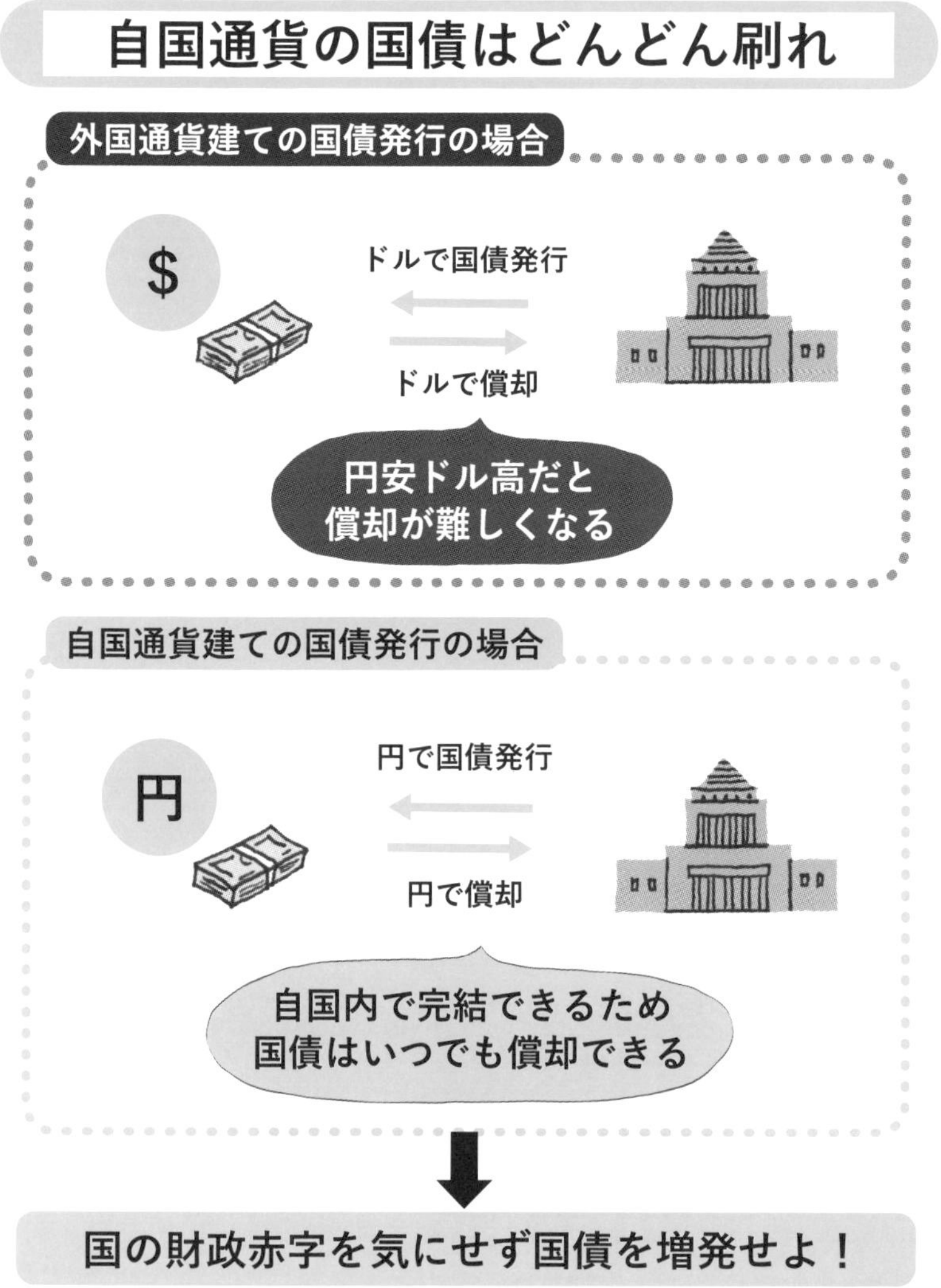

自国通貨の国債はどんどん刷れ
外国通貨建ての国債発行の場合
$
ドルで国債発行
ドルで償却
円安ドル高だと償却が難しくなる
自国通貨建ての国債発行の場合
円
円で国債発行
円で償却
自国内で完結できるため国債はいつでも償却できる
国の財政赤字を気にせず国債を増発せよ！

国債の発行量だけ管理すればいい

MMT（現代貨幣理論）と呼ばれる経済理論は、アメリカのバード大学教授ランダル・レイなどが90年代から唱えていました。

MMTはざっくり言えば、「**自国の通貨建てで国債を発行している国は、国債を償却（返済）するには自国の通貨を増刷すればいい**だけである。政府は事実上、自国通貨を自由に発行する権利を持っているのだから、国債はいつでも償却（返済）できる」ということです。

たとえば、日本がドル建てで国債を発行した場合は、日本は国債を償却（返済）するためには、その分のドルを用意しなければなりません。

しかし、現在の日本のように、円で国債を発行している国は円を払えばいいだけですから、他

国債の残高は無視していいのか？
でも、赤字が増えるのは
良くないことでは…？
従来の経済学者も
MMT を批判しているが…
仮想通貨の流通
現行紙幣も
「ただの紙切れ」
世界経済の現状を見れば、
返す見込みのない国債を増発するのも
あながち荒唐無稽ではないといえる
現代通貨の仕組みが抱える矛盾解消のヒントに？

まとめ

自国通貨建てで国債を発行している国であれば、財政赤字を気にせず国債を発行し、公共投資も行ってよいという考え

国の通貨を用意する必要はありません。

ケインズ理論の場合は、「不況のとき、政府は財政赤字を恐れずに公共投資を行い、失業を減らすべし。好況になってから財政赤字を取り戻せばいい」と述べていますが、MMTはこれを一歩進めて**「そもそも政府は財政赤字など気にせずに財政投資を行うことができる」**そして、**「政府は税収をあてにすることなく国債発行を行うことができる」**とまで述べています。

MMTは荒唐無稽か？

この現代貨幣理論は、従来の経済学者などからは、「国債の残高」を気にせずに国債を発行していいなど「荒唐無稽」だと批判されることもあります。しかし、資産的な裏付けが何もない仮想通貨が世間に流通していることや、現代の通貨のほとんどが、貴金属との交換権を持っていない「ただの紙切れ」だということを見れば、あながち荒唐無稽だとは言い切れないと思われます。現代の通貨の仕組みも、時代の波にもまれながらなし崩し的に作られたものです。だから、「今の仕組みが正しい」とは誰も言えないはずなのです。

THE ECONOMIC THEORIES No.32

MMT 現代貨幣理論2

政府が失業者に直接職を与えよ

「職を与える」という社会保障

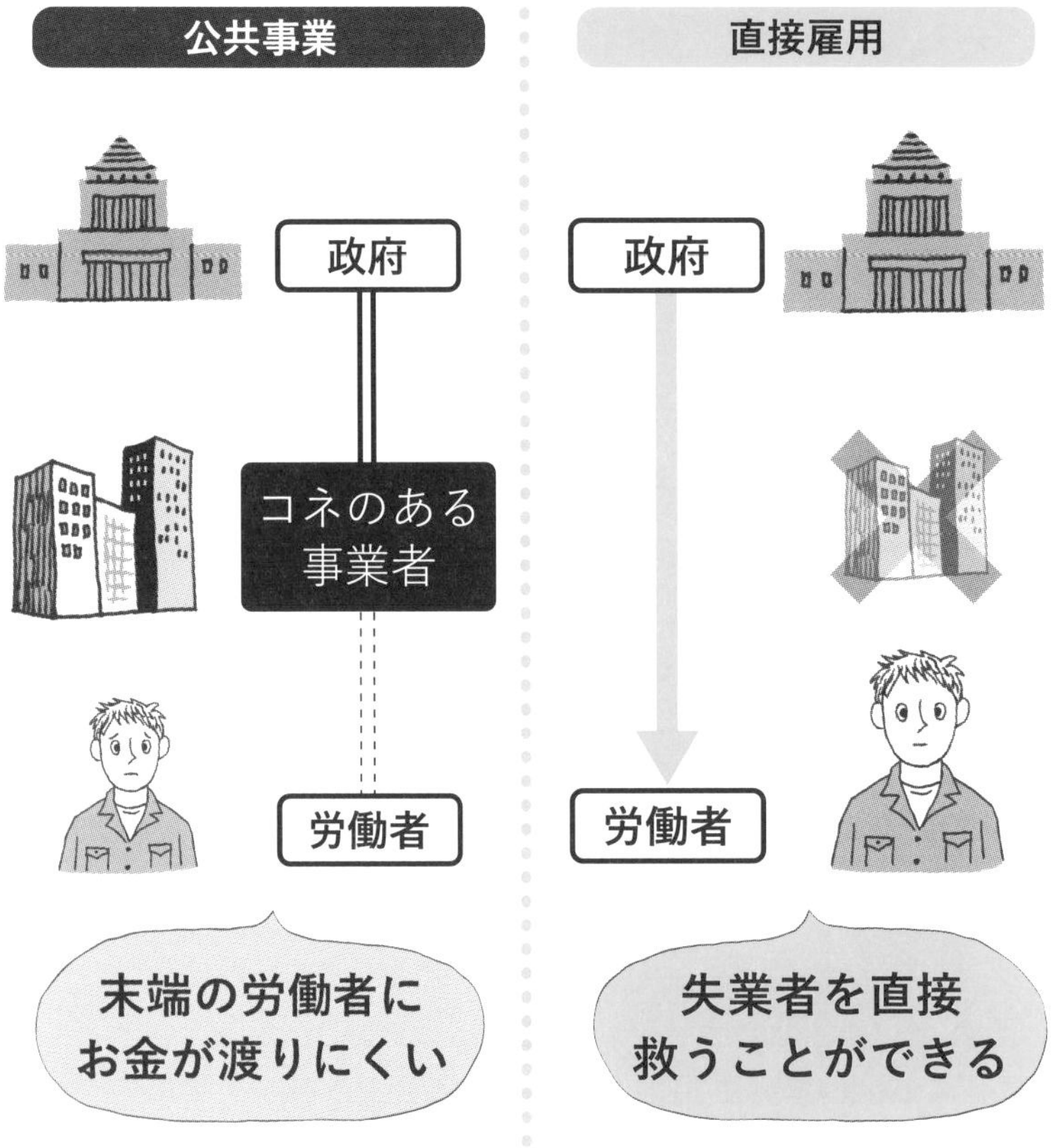
公共事業
政府
コネのある事業者
労働者
末端の労働者にお金が渡りにくい
直接雇用
政府
労働者
失業者を直接救うことができる

求職者一人一人に合った職を与えるべし

国が職を与える社会保障

ＭＭＴでは、「無制限、無分別に公共投資をしていい」と言っているわけではありません。不要な公共投資は厳しく監視し、一方で有効な公共投資は思い切って行うべきと述べています。

そして、行うべき公共投資として、「求職している人すべてに仕事を与える社会保障プログラム」の創設を提言しています。これは**政府が公共事業を行うことによって「間接的に雇用を増やす」というのではなく、政府が直接、就業希望者に職を与える**ということです。

90年代日本の狂乱の公共事業を税務署員として間近に見てきた筆者としては、この提言は非常に意味があるものだと思います。なぜなら公共事業というものは、政治家の利権に結びつきやすく、失業対策としては極めて非効率です。

信用に足る通貨でなければならない

Q. 自国通貨で国債を刷れば、どの国でも安心なのか？

A. 国力に裏付けられた通貨の信用が必要

MMTの欠陥

経済力のある国 → 財政赤字を抱えても戦争などで経済が破綻する可能性は低い

経済力のない国 → 財政赤字が増えると通貨の価値が下がり、いずれ破綻しかねない

「MMT理論は効果的」と思い込むのは危険

まとめ

公共投資の中でも特に「直接雇用」を行うことで、真に失業者を救うことができる

MMTの欠陥

ただこのMMTにはツッコミどころも多々あります。たとえば「アメリカは自国通貨で国債を発行しているから、財政赤字が溜まっても国債を発行し続けられている」という点ばかりが強調されていますが、アメリカが国債を発行し続けられるのは、アメリカ・ドルの威力が大きいからです。その辺りの追及や分析はあまり行われていないため、多くの経済学者の非難を浴びても仕方のない部分だと思われます。

そもそも「国家が自由に通貨を発行して財政を賄う」ということは、MMTを待つまでもなく、古今東西の国家が試みてきたことでもあります。しかし、国家（政府）が通貨を発行すると、財政不足を賄うために通貨を発行しすぎて、経済社会の混乱を招く、という事態がしばしば生じました。ゆえに、現在の中央銀行による通貨発行システムに行き着いたのです。

だから、**国家が通貨発行権を持つ場合、もっとも懸念されることは、通貨を発行しすぎるという点**です。だからMMTの「インフレに注意していれば大丈夫」という理屈は、問題の対処法としてはあまりに弱いものだと思われます。

THE ECONOMIC THEORIES
No.33

人類のための新しい通貨の形？

ビットコイン理論

法定通貨と仮想通貨の違い

法定通貨		仮想通貨
国家・中央銀行	価値の保証	ない
小さい	価格変動	大きい
発行国の国内	使用できる場所	世界中 ※ただし、変動が大きいため受け入れられていない

「使えるお金」としてはほとんど機能していない

仮想通貨の理論は理想的でも、現時点では投機の対象でしかない

問題だらけの仮想通貨

ビットコインは、2008年にサトシ・ナカモトという人物がネット上で発表した論文がその起源になっているとされています。

ブロックチェーンという技術により、安全で透明性の高い「ネット上の通貨（ビットコイン）」をつくることができるというその論文は、一部で反響を呼びました。**これまでの通貨は国家による恣意的な運用が行われるため、真に人々に必要な通貨ではない、ビットコインを創設することにより真に人々のためになる通貨を発行できる**、という理論です。

ビットコインをはじめとする仮想通貨は、その高尚な精神とは裏腹に様々な問題を抱えています。まず仮想通貨というのは、通貨の価値に実体の裏付けがなく、誰も価値の保証をしてく

仮想通貨のメリットとデメリット

メリット	デメリット
国による恣意的な操作が行われない	一部の運営者の一存で発行量などが決められている
為替の変動リスクの低減	実際の取引には使いづらい
ネット上の衆人環視がなされ取引が透明化する	大規模流出事件において犯人が判明しない不安定さ

新しい通貨の形ではあるが、実用には解決すべき問題も多い

まとめ

「安全で透明性の高い新しい形の通貨」という精神のもと始まったが、現時点では問題や危険も多い

れないのです。価値がゼロになる可能性も往々にしてあるのです。

また仮想通貨は、現在、価値が乱高下して、通貨としては使えるものではありません。「国家機関がコントロールしない、真に人々のための自由な通貨」という崇高な目的とは裏腹に、実際には、一獲千金を夢見る人たちが群がっているだけなのです。

安全性に大きな問題

仮想通貨は、創設されて間もないのに、すでに何度も大規模な流出事件が起きています。ブロックチェーンという技術自体は、安全で画期的なものだとして評価されていますが、通貨運営の全体的な仕組みは非常に不安定なのです。

また、「国家機関によらない人類のための自由な通貨」ということになっていますが、発行量などの決定は一部の運営者が行っており、参加者などが関与する余地はまったくありません。

ビットコインなどの仮想通貨は、確かに人類に新しい通貨の形を見せたという部分はありますが。しかし山積する問題を解決できなければ、ただの「投機対象」で終わってしまうでしょう。

THE ECONOMIC THEORIES
No.34

ピケティの経済理論

90年代以降、世界の貧富の格差が急拡大している

トマ・ピケティ
(1971-)
▶フランスの経済学者。現代の格差拡大の原因を指摘したことで知られる。

トップ1%が占めるシェアは拡大している

「90年代以降、世界の貧富の格差は急激に拡大している。特に経済成長が落ち着いた先進国で、その傾向が顕著である」

これは、トマ・ピケティの経済理論です。ピケティは世界の格差問題の第一人者であり、昨今、世界的に注目されている経済学者です。

ピケティの研究によると、「18世紀から20世紀にかけて貧富の差は拡大したが、第二次世界大戦後から1990年ごろまでは貧富の格差は解消に向かっていた。しかし、**90年代以降にまた貧富の格差が急激に拡大し始めた**」ということです。特に、経済成長の止まった先進国では、株主の富の蓄積が進み、労働者の取り分よりもはるかに多くを取っているということです。

世界における富の偏在

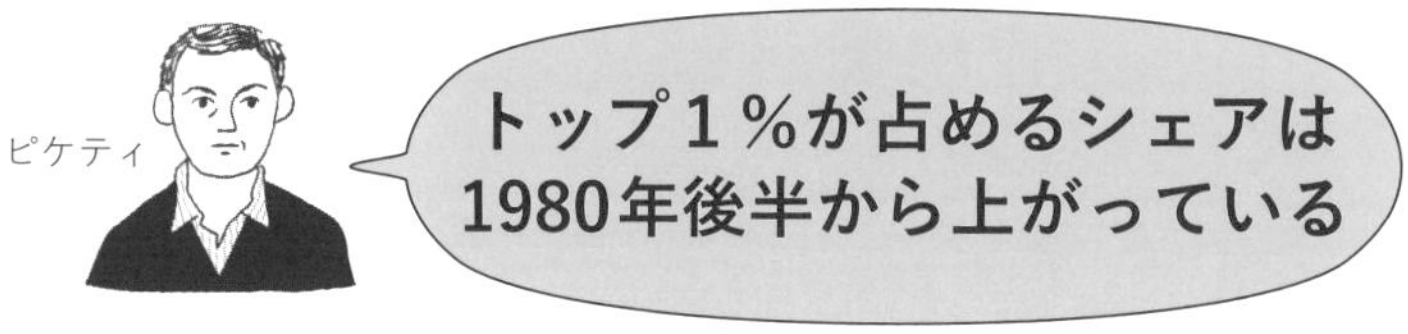
ピケティ
トップ1%が占めるシェアは
1980年後半から上がっている

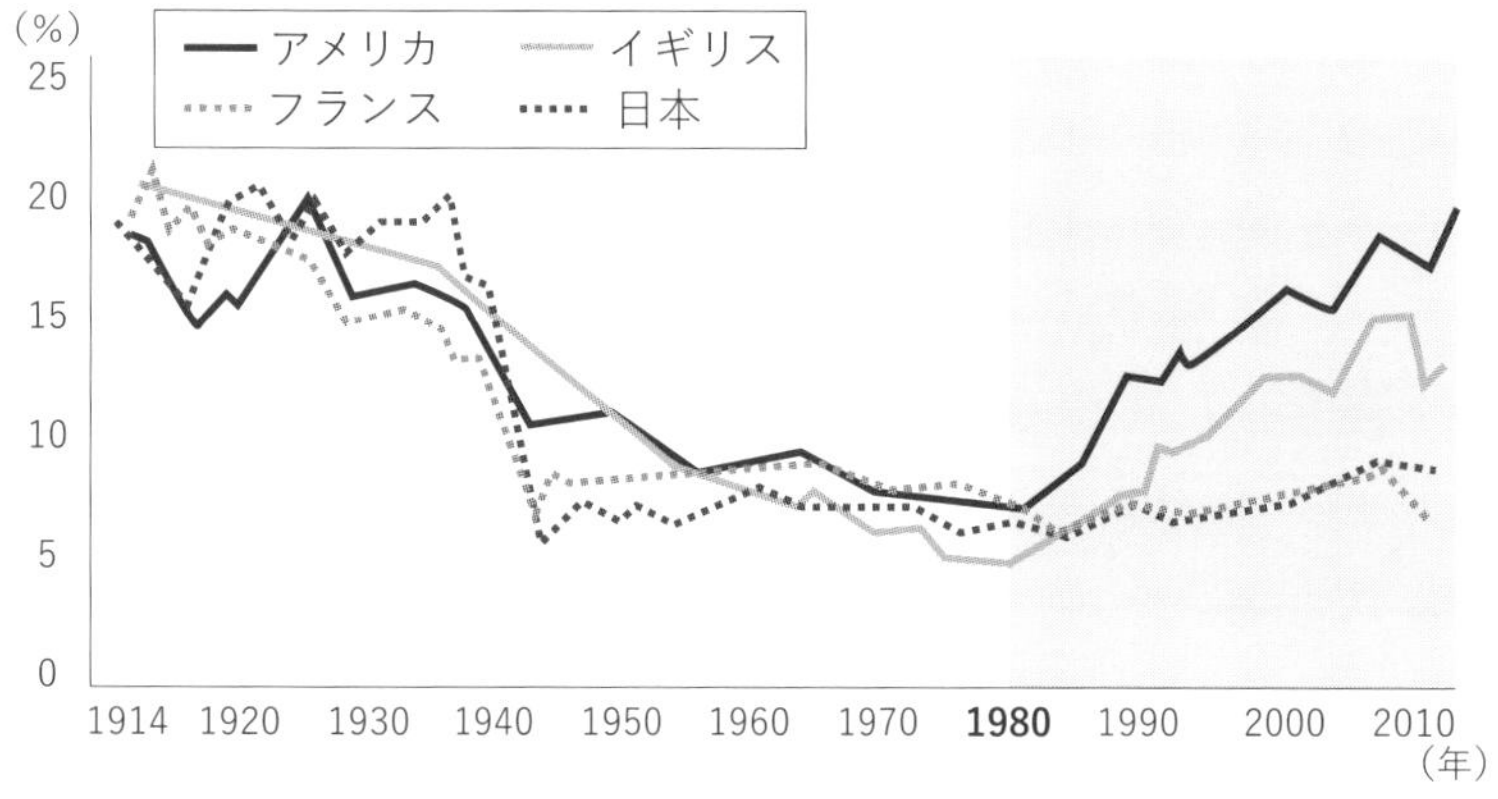
(%)
25
20
15
10
5
0
アメリカ
イギリス
フランス
日本
1914
1920
1930
1940
1950
1960
1970
1980
1990
2000
2010
(年)

2011年「ウォール街を占拠せよ」

「アメリカでは1%の人が国の資産の35%を独占している」として起きた市民運動

まとめ

共産主義の崩壊後、世界が資本主義に偏ったことで貧富の格差は拡大した

共産主義の崩壊がきっかけだった

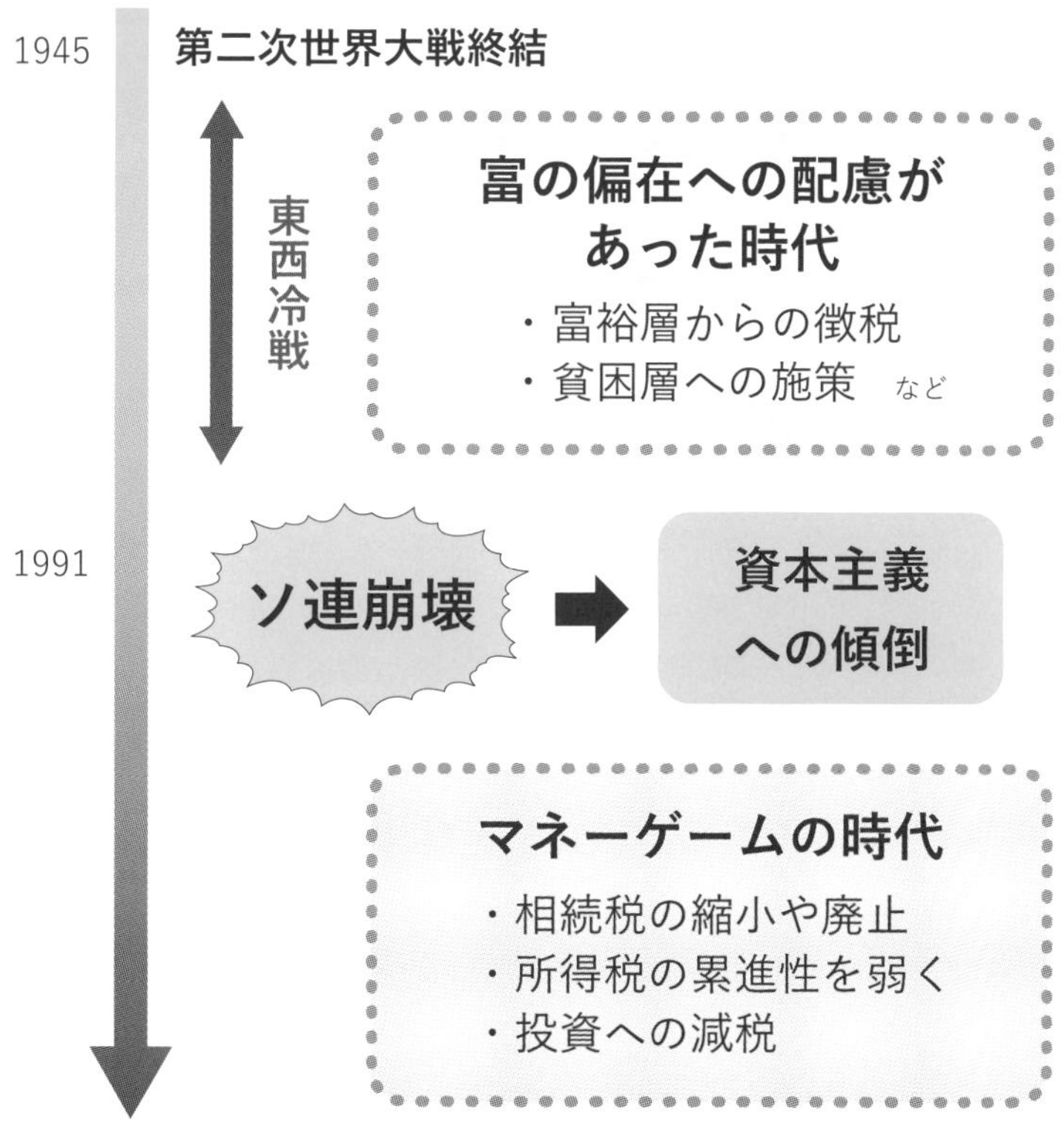
1945
第二次世界大戦終結
東西冷戦
富の偏在への配慮があった時代
・富裕層からの徴税
・貧困層への施策　など
1991
ソ連崩壊
資本主義への傾倒
マネーゲームの時代
・相続税の縮小や廃止
・所得税の累進性を弱く
・投資への減税

「共産主義が不適切＝資本主義が正解」ではない

格差の是正に努める必要がある

共産主義の幽霊

ピケティは、「1990年を契機に貧富の格差が進んでいる」と述べていますが、1990年あたりに世界で何があったのかを検証すると、答えは簡単に出てきます。

ソ連、東欧の共産主義圏の崩壊です。その後、**世界は「資本主義こそが正しい」とばかりに、企業や投資家に限りなく自由を与え、便宜を図る政策を採り始めた**のです。

そもそも共産主義というのは、資本主義に様々な問題が噴出し貧富の差が極限にまで達しようとしていた時に、解決策として勃興した思想です。今の世界が貧富の格差を放置し続けていれば、また共産主義という「怪物」が、これまでとは違った形で現れるかもしれないのです。

ピケティが提唱する格差の解決策は、シンプルに「所得税や相続税の累進性の強化」と「世界的な資産税の強化」です。世界的に資産税の課税を強化し、富裕層の税逃れを防ぐべしとピケティは主張しているのです。富裕層に対する政策の実現は容易ではありませんが、これを実現しなければ貧富の格差によって生じる社会不安はますます増加することになるかもしれません。

おわりに

経済という言葉は、中国の古典にある「経世済民《けいせいさいみん》」という言葉から来ています。

「経世済民」とは、世を経《おさ》め民を済《すく》うという意味です。つまりは、民の生活を平穏にするというのが、経済のもともとの語源なのです。

しかし最近の経済政策は、その目的を忘れていることが多いように見受けられます。

「経済成長」「企業の収益」「株価の上昇」は、本来、経済社会を豊かにする指標の一つに過ぎなかったはずです。が、いつの間にか、「経済成長」「企業の収益」そのものが目的となっています。「経済成長」や「企業の収益」のために、末端の人たちを犠牲にするというような政策がしばしば施されています。

特にバブル崩壊後の日本では、完全に「企業の収益」に軸足を置いた経済政策が敷かれました。莫大な経済対策費を費消したにも関わらず、そのほとんどが大企業に吸収されてしまいました。

その結果、平成30年の間には、「史上最長の好景気」を二度も記録したにも関わらず、先進国でほぼ唯一、サラリーマンの給料はマイナスになり、1週間に48時間働いてもまともに生活できないワーキング・プアが激増しました。

ピケティの項でも述べましたように、昨今では日本に限らず世界中で大企業優先、富裕層優先の経済となっています。

ところで、これを執筆している現在、世界経済は新型コロナによる打撃を受け、それがようやく回復したころにロシアのウクライナ侵攻が始まりました。今現在（２０２２年４月）ウクライナでの戦争は終結する兆しが見えておらず、世界中でエネルギー不足、食料不足の問題が生じており、物価上昇などにより人々の生活も大きな影響を受けています。

この未曽有の経済危機に際し、世界各国が今一度「経済」の原点である「世を経《おさ》め民を済《すく》うためのもの」に立ち返っていただきたいと筆者は願っております。

最後に彩図社の本井編集長をはじめ、本書の制作に尽力いただいた皆様にこの場をお借りして御礼を申し上げます。

世界経済がこの危機を無事脱し、健全に発展することを祈念しつつ……。

２０２２年春　著者

主要参考文献

『影響力の武器』ロバート・B・チャルディーニ著　社会行動研究会訳　誠信書房／『選択の科学』シーナ・アイエンガー著　櫻井祐子訳　文藝春秋／『ファスト&スロー　上下巻』ダニエル・カーネマン著　村井章子訳　早川書房／『実践　行動経済学』リチャード・セイラー、キャス・サンスティーン著　遠藤真美訳　日経BP社／『行動経済学の逆襲』リチャード・セイラー著　遠藤真美訳　早川書房／『渋沢栄一　国富論』渋沢栄一著　国書刊行会／『国富論1～4』アダム・スミス著　大河内一男監訳　中央公論新社／『国富論1～4』アダム・スミス著　水田洋監訳　岩波書店／『道徳感情論』アダム・スミス著　村井章子、北川知子訳　日経BP／『道徳感情論』アダム・スミス著　高哲男訳　講談社／『道徳感情論　上下』アダム・スミス著　水田洋監訳　岩波書店／『アダム・スミス』高哲男著　講談社／『マルクス　資本論1～4』エンゲルス編　向坂逸郎訳　岩波書店／『雇用、利子および貨幣の一般理論　上下巻』ジョン・メイナード・ケインズ著　間宮陽介訳　岩波書店／『経済発展の理論』J・A・シュムペーター著　塩野谷祐一ほか訳　岩波書店／『税金の西洋史』チャールズ・アダムズ著　西崎毅訳　ライフリサーチプレス／『図説　お金の歴史全書』ジョナサン・ウィリアムズ編　湯浅赳男訳　東洋書林／『金融の世界史』板谷敏彦著　新潮社／『ケインズ』R・スキデルスキー著　浅野栄一訳　岩波書店／『ケインズと世界経済』岩本武和著　岩波書店／『デフレ不況をいかに克服するか』J・M・ケインズ著　松川周二編訳　文藝春秋／『MMT現代貨幣理論入門』L・ランダル・レイ著　島倉原監訳　鈴木正徳訳　東洋経済新報社／『21世紀の資本』トマ・ピケティ著　山形浩生・守岡桜・森本正史訳　みすず書房

画像引用元

P10　コンコルド（©Eduard Marmet）
P16　アルバート・タッカー（©Mathematical Association of America）
P30　シーナ・アイエンガー（写真提供／共同通信社）
P60　ヒャルマール・シャハト（©Bundesarchiv）
P78　ランダル・レイ（©Marta Jara）
P84　トマ・ピケティ（©Gobierno de Chile）

【著者】

大村大次郎（おおむら・おおじろう）

1960年生まれ、大阪府出身。

主に法人税担当調査官として10年間国税庁に勤務する。

現在は経営コンサルタントの傍ら、ビジネス・税金関係の執筆を行っている。フジテレビドラマ「マルサ!!」監修。著書に『脱税のススメ』シリーズ（彩図社）、『あらゆる領収書は経費で落とせる』（中央公論新社）、『やってはいけない老後対策』（小学館）、『お金の流れでわかる世界の歴史』（KADOKAWA）などがある。

【イラスト】大塚砂織

図解　教養として知っておきたい経済理論

2022年6月20日第一刷

著　者　大村大次郎

発行人　山田有司

発行所　株式会社　彩図社
東京都豊島区南大塚3-24-4
MTビル　〒170-0005
TEL：03-5985-8213　FAX：03-5985-8224

印刷所　シナノ印刷株式会社

URL：https://www.saiz.co.jp
https://twitter.com/saiz_sha

ISBN978-4-8013-0606-6 C0033

※本書は、小社刊『教養として知っておきたい33の経済理論』（2020年5月発行）をもとに再編集・図式化したものです。